AF312104

HOMELIE XXXV.

POUR
LE SECOND DIMANCHE
DE CARÊME
SUR
L'ENFANT PRODIGUE.

Par M. le Curé de Saint Sulpice.

A PARIS,

Chez RAYMOND MAZIERES, Libraire, ruë saint
Jacques, prés la ruë de la Parcheminerie,
à la Providence.

M. DCC X.
AVEC PRIVILEGE DU ROY.

TEXTE
DU
SAINT EVANGILE
SELON SAINT LUC.

EN ce temps-là, Jesus dit cette Parabole à ses Disciples : Un certain homme avoit deux entans, dont le plus jeune des deux dit au pere : Mon pere, donnez-moy la portion d'heritage qui méchoit ; & il leur partagea le bien. Peu de temps aprés, le plus jeune ayant tout ramassé, s'en alla dans un pays lointain, où il dissipa sa substance, vivant luxurieusement. Aprés qu'il eût tout consumé, une grande famine étant survenuë en ce pays-là, il commença de sentir le besoin : il s'en alla donc, & s'attacha au service d'un des citoyens de ce pays-là, qui l'envoya à sa maison des champs pour paître les pourceaux. Là il desiroit de remplir son ventre des écosses que les pourceaux mangeoient, & personne ne luy en donnoit. Alors rentrant en luy-

même, il dit : Combien de mercenaires en la maison de mon pere abondent en pains , & moy je
péris icy de faim? Je me leveray donc, & j'iray trouver mon pere , & je luy diray : Mon pere, j'ay peché contre le Ciel & devant vous, je ne suis plus
digne d'être appellé vôtre fils ; mettez-moy au
rang d'un de vos mercenaires,& se levant il vint à
son pere. Or, comme il étoit encore fort loin , son
pere l'apperçut, & en fut touché de compassion,
& accourant, il se jetta à son cou , & le baisa ;
& son fils luy dit : Mon pere, j'ay peché contre le
Ciel & devant vous, je ne suis plus digne d'être
appellé vôtre fils. Alors le pere dit à ses serviteurs:
Vîte, apportez sa premiere robe , & l'en revêtez,
& donnez-luy un anneau en sa main & des souliers
en ses pieds,& amenez le veau gras & le tuez, man-
geons-le, & faisons un festin, parce que ce mien fils
étoit mort, & il a repris vie; il étoit perdu, & il
est retrouvé ; & ils commencerent le festin: or son
fils aîné étoit en un champ, & comme il s'en re-
venoit,& qu'il approchoit de la maison, il entendit
la symphonie & la danse, & appellant un des serviteurs, il l'interrogea de ce que c'étoit. Celuy-cy
luy répondit : Vôtre frere est revenu, & vôtre
pere a tué le veau gras. Alors le fils indigné ne
voulut pas entrer. Son pere sortit, & commença
de l'en prier; mais le fils répondit à son pere , &

luy dit : Voilà qu'il y a tant d'années que je vous
fers, fans que j'aye tranfgreffé vôtre commande-
ment, & jamais cependant vous ne m'avez donné
un chevreau pour me réjoüir avec mes amis ; mais
aprés que celuy-cy vôtre fils a devoré fa fubftan-
ce avec des proftituées, & qu'il eft retourné, vous
luy avez tué le veau gras. Mais le pere luy dit :
Mon fils, vous êtes toûjours avec moy, & tout
ce que j'ay eft à vous ; mais il falloit bien faire un
feftin, & fe réjoüir, parce que vôtre frere que
voicy étoit mort, & il a repris vie, il avoit peri,
& il s'eft retrouvé. *Luc.* 15. 12.

HOMELIE
SUR
L'ENFANT PRODIGUE.

Es faints Docteurs ont toûjours re-
connu fous des termes les plus fimples
un fond inépuifable de doctrine dans
les paraboles évangeliques, ils ont
enfeigné que tout y étoit fageffe, que
tout y portoit le caractere de cette raifon primor-
diale & fouveraine qui les a premierement profe-
rées. Ils ont découvert des myfteres dans les moindres circonftances, dans les expreffions, & jufques
même dans l'ordre & l'arrangement auquel nous les
lifons. C'eft ce que faint Ambroife remarque excel-
lemment dans celle d'aujourd'huy, elle vient aprés
la parabole de la brebis égarée, que le bon pafteur
rapporte fur fes épaules, & de la dragme perdue que
la mere de famille cherche la lampe à la main, &

Hic

qu'elle retrouve : *itaque non otiosè sanctus Lucas ex ordine tres parabolas posuit, ovis quæ perierat & inventa est, dragma quæ perierat & inventa est, filii qui erat mortuus & revixit.* Qu'est-ce donc qui nous est representé par ce Pere, par ce Pasteur, par cette femme ? *Qui sunt isti, pater, pastor, mulier ?* Sinon Jesus-Christ le souverain Pasteur, qui nous a porté sur lui à l'arbre de la Croix; l'Eglise nôtre mere qui nous a cherché dans nos égaremens; le pere qui nous a rendu le vêtement de gloire dont le peché nous avoit dépouillé, *Pastor revehit, Mater inquirit, Pater vestit.*

S. Amb. ibid.

Mais outre le sens si naturel de cette parabole, par rapport à la morale, les saints Peres en ont découvert un autre bien plus relevé par rapport à la Religion. Le voici,

1°. Ces deux enfans d'un Pere de famille, *homo quidam habuit duos filios,* sont les deux peuples qui peu de tems aprés le Deluge, sortirent de Noë, & partagerent le genre humain comme en deux familles differentes, *ab ipso exordio,* dit saint Augustin, *non multò post institutionem generis humani:* l'aîné, ou le Juif, demeura dans la maison paternelle, attaché au culte du vray Dieu, *major filius ad cultum unius Dei pertinet :* le plus jeune, *adolescentior,* ou le Gentil, poussé par le desir du libertinage, & de l'indépendance, s'en alla dans un pays éloigné, où il quitta la Religion de ses Peres, & adora les Dieux étrangers, *unam eorum qui permanserunt in unius Dei cultu, aliam eorum qui usque ad colenda idola deseruerunt Deum,* continuë saint Augustin.

Lib. 1. qq. Evan. q. 33.

2°. La separation, & l'éloignement de ces deux peuples,

Ibid.

peuples, vient moins d'une diverſité de climats, que d'une contrarieté de mœurs, & de religion, *non locorum ſpatiis, ſed affeſtu aut eſſe nos cum Deo, aut ab eo diſcedere*, dit ſaint Jerôme.

Epiſt. ad Damaſ.

3o. Le patrimoine que le plus jeune demande, & que ſon Pere lui délaiſſe, eſt la diſpoſition de ſes facultez, & qualitez naturelles dont il veut eſtre le maître, & diſpoſer à ſa phantaiſie, de ſon eſprit, de ſa liberté, de ſes talens, de ſa puiſſance, de ſon courage, de ſes richeſſes; *tanquam anima ſuâ poteſtate delectata, id quod illi eſt vivere, intelligere, meminiſſe, ingenio alacri excellere; omnia iſta divina ſunt munera, quæ in poteſtatem accipiens per liberum arbitrium, quia diviſit Pater liberis ſubſtantiam, minor filius in regionem longinquam profectus eſt*, continuë encore ſaint Auguſtin.

Ibid.

4o. Les femmes perdues avec leſquelles il diſſipe ſon bien, ajoûte le même Pere, ſont les ſuperſtitions du Paganiſme, qu'il embraſſe, & auſquelles il proſtitue ſon ame, & acheve de conſumer tout ce qui lui reſtoit de vraye religion, de foy, de raiſon, *meretrices cum quibus diſſipaſſe ſubſtantiam ſuam filius minor accuſatus eſt, rectè intelliguntur ſuperſtitiones, relicto uno connubio legitimo verbi Dei, cum turba dæmoniorum cupiditate turpiſſima fornicari.*

5o. La famine qui ſurvient en ce pays éloigné n'eſt autre que la privation de la connoiſſance, & de l'amour de Dieu, & l'oubli du Createur, qui croît toûjours de plus en plus, quand on s'en eſt une fois éloigné, & qui laiſſe l'ame dans un vuide affreux, qui ne peut eſtre rempli que de Dieu ſeul. (*armina Poeta-*

F fff

rum fęcularis fapientia, rhetoricorum pompa verborum, hac fua omnes fuavitate delectant, & dum aures verfibus dulci modulatione currentibus, capiunt, animam quoque penetrant & pectoris interna devinciunt; verùm ubi cum fummo ftudio, ac labore fuerint perlecta, nihil aliud nifi inanem fonum, & fermonum ftrepitum fuis lectoribus tribuunt; nulla ibi faturitas veritatis, nulla refectio juftitiæ reperitur, ftudiofi eorum in fame veri, & virtutum penuria perfeverant, ce font les paroles de faint Jerôme.

6₀. Le Citoyen auquel l'enfant prodigue s'attache, eft le demon, au culte duquel il fe dévoue, & dont il devient l'efclave, *Civis ifte princeps eft hujus mundi,* dit faint Ambroife, ou, comme s'exprime faint, Jerôme *junxit fe principi hujus mundi, id eft, diabolo.*

7°. Les pourceaux font des efprits immondes, qui pouffent l'Idolâtre à fuivre les inclinations charnelles & fenfuelles, lefquelles lui font communes avec les bétes ; *porci immundi fpiritus,* dit faint Auguftin, qui fe nourriffent de la graiffe des victimes qui leurs font offertes, & des pecheurs même à leur mort, & de ceux qu'on immoloit aux furies de l'enfer ; *diabolus,* dit encore faint Jerôme, *per idola manu facta, cruore pecudum & victimarum pafcitur, & noviffimé faginatiore quadam hoftiâ, ipfius hominis morte faginatur.* Saint Ambroife enfeigne que ces pourceaux dont il eft ici parlé, font de ceux dans lefquels le demon demanda permiffion d'entrer, & qu'il precipita dans la Mer, ainfi qu'il eft porté dans l'Evangile : *illos utique in quos petit diabolus introire, quos præcipitat in mare iftius mundi, in fordibus ac fœtore viventes.* Découvrant par là le goutffre profond où le demon précipite les hommes ſenſuels.

8°. Les écoſſes dont l'enfant prodigue deſire de ſe nourrir, ſont les vaines ſciences, la Philoſophie profane, la poëſie, & les fables ingenieuſes du Paganiſme, qui ne raſſaſioient point l'homme affamé de la verité, dit ſaint Auguſtin : *Siliqua quibus porcos paſcebat, ſæculares doctrinæ ſteriles, vanitate reſonantes, de quibus laudes idolorum, fabularumque ad Deos gentium pertinentium, vario ſermone, atque carminibus percrepant, quibus dæmonia delectantur : unde cùm iſte ſaturari cupiebat, aliquid ſolidum & rectum, quod ad beatam vitam pertinet, invenire volebat, & non poterat.* *Ibid.*

9°. Le village auquel ce méchant citoyen relegue l'enfant prodigue, eſt cette miſerable maiſon de campagne, dont le convié au ſouper évangelique préfere l'acquiſition, à la poſſeſſion du Roïaume qu'on lui offroit, ſous la figure d'un ſouper myſterieux, dit ſaint Ambroiſe ; *villam emi, rogo te, habe me excuſatum,* & laquelle appartient au demon : *ad villam ejus mittitur quam emit, qui ſe excuſat à regno.* *Alis*

10°. Les mercenaires qui dans la maiſon du Pere ont des pains en abondance, ſont les Juifs, dont le cœur ordinairement incliné vers la terre, les portoit pour la plûpart, à l'obſervation des commandemens, en vûe de la retribution temporelle, & qui cependant ne laiſſoient pas de ſe nourrir de diverſes grandes veritez, leſquelles même n'étoient pas inconnues aux Gentils : *ſenſus itaque iſte eſt, quanti ex Judæis*

ob præsentia tantùm bona à Dei obsequio non recedunt, &
ego egeftate conficior.

11°. L'enfant prodigue accablé de tant de miferes
rentre enfin en luy-même, il fe fouvient de fon pere,
il prend refolution de l'aller trouver, & d'implorer
fa mifericorde : il fe leve, & fe met en chemin : fon
Pere le voit de loin, il eft touché de compaffion, il
court au devant de lui, il l'embraffe, il lui pardonne,
il le revêt de fa premiere dignité, il ordonne un grand
feftin, on tue le veau gras, tout eft en fefte dans la
maifon, tout retentit de chants d'alegreffe : c'eft la
prédication de l'évangile ; la gentilité convertie ; la
grace redonnée ; Jefus-Chrift immolé ; l'univers re-
nouvellé ; le Ciel ouvert ; *iftæ epulæ ,atque feftivitas nunc*
celebratur per orbem terrarum, Ecclefia dilatata, atque
diffufa ; vitulus enim ille in corpore & fanguine dominico
offertur Patri, & pafcit totam domum, dit faint Auguftin.

12°. L'aîné de l'enfant prodigue ,occupé pour lors
à la culture de la terre ,entend la fymphonie, il s'in-
forme de la caufe, on la lui apprend, il s'en indi-
gne, il fe met en colere, il murmure contre l'indulgence de fon pere, il refufe non feulement d'être de
la féte, mais d'entrer dans la maifon ; il fe plaint de
fon pere, de ce que l'ayant fervi fi fidellement depuis
tant d'années, fans avoir tranfgreffé fes commandemens,il ne lui a jamais donné pas même un chevreau,
pour fe rejoüir avec fes amis ; le pere fort, il tâche
de l'appaifer, il le prie d'entrer dans la maifon, il
lui reprefente que fon frere ayant peri ,que fon frere

étant mort, il falloit se rejoüir de ce qu'il étoit retrouvé, il falloit se rejoüir de ce qu'il étoit resuscité.
Mais inutilement.

Ce fils aîné, c'est le Juif, fidele de tous les tems à
Dieu, mais trop terrestre; *erat autem filius ejus senior
in agro :* C'est-à-dire, selon saint Jerôme, suant & tra-
vaillant pour se procurer une felicité temporelle, *in*   *Ibid*
terrenis operibus labore desudans; d'ailleurs cependant cul-
tivant le riche heritage de son pere, & sous des figu-
res mysterieuses, se nourrissant de la doctrine abon-
dante de la Loy, & des Prophetes, *in agro erat, id est,*
in ipsâ hereditariâ opulentiâ legis & Prophetarum terrena
potiùs operatur; envieux de la vocation du Gentil, il
refusa lors de la publication de l'Evangile, & refuse
encore tous les jours, d'entrer dans l'Eglise. *Indigna-*
tur etiam nunc, & non vult introire : Il est fâché de voir
la conversion de l'univers au vray Dieu, & Jesus-
Christ adoré de toutes les nations; les Anges se re-
joüissent du retour des pecheurs, toute la creature
en benit Dieu; Israel seul s'en afflige, & demeure
dehors; *causa lætitiæ quod in Dei laudes toto orbe concinitur;*
lætantur Angeli, omnis in gaudium creatura consentit, & de
solo dicitur Israel, iratus autem noluit intrare, & nunc fo-
ris stat Israel: & nunc discipulis Evangelia in Ecclesiâ au-
dientibus, mater ejus, & fratres foris stant quærentes eum.
Tout cecy est de saint Jerôme.

Le pere commun sort & prie son fils, c'est-à-dire,
le peuple Juif d'entrer, dans la maison, c'est à-dire,
dans l'Eglise, & de prendre part à la fête; il l'en
presse par la bouche des Apôtres, & des Prédicateurs

évangeliques depuis dix-sept cent ans ; *rogat filium*, dit saint Jerôme, *ut lętitię domus particeps fiat, rogat autem Pater per Apoſtolos, rogat per Evangelii Prædicatores, è quibus Paulus ait : Precamur pro Chriſto, reconciliamini Deo, vobis oportebat primùm annuntiari verbum Dei ; ſed quia repellitis illud, & indignos vos judicatis æternæ vitę, ecce convertimur ad gentes.* Mais il ne veut rien écoûter, cet enfant orgueilleux & rebelle, reproche à ſon pere fauſſement d'avoir toûjours gardé ſa Loy, quoi qu'il l'euſt violée cent & cent fois par ſes idolatries & ſes autres crimes, *& hic dicit nunquam ſe pręteriſſe mandatum, toties ob idololatriam captivitatibus traditus*, continue ſaint Jerôme : mais pour quoi s'étonner de voir qu'un fils oſe mentir à ſon Pere, qui n'a pas honte de porter envie à ſon frere ? *Nec mirandum patri eum auſum fuiſſe mentiri, qui fratri potuit invidere ?* & comme les juſtes ſont repreſentez par les brebis, & les reprouvez par les boucs, le Juif ſe plaint de ce que Dieu ne s'eſt pas ſervi de lui pour la converſion d'un ſeul idolâtre, *& nunquam dediſti mihi hœdum ut cum amicis meis epularer*, tandis qu'il ſe ſervoit du Gentil converti pour attirer à la foi des milliers d'infidelles, *cumque merentibus minora non dederis, immeritis majora tribuiſti :* mais comment l'auroit-il fait, puiſque quand les Juifs vouloient s'en meſler, au lieu de procurer le ſalut au Proſelyte qu'ils faiſoient, ils le rendoient plus méchant, & digne de l'enfer deux fois plus qu'eux, *ut faciatis unum Proſelytum, & cùm fuerit factus, facitis eum filium gehennæ duplo quàm vos.*

Telle eſt la myſterieuſe explication des Peres au

sujet de nôtre parabole : exposons à present, dit saint Jerôme, comment elle s'accomplit à la lettre en la personne de chaque pecheur, vray enfant prodigue, quand il revient à Dieu par une sincere conversion : *videamus autem quomodo super peccatore generaliter parabola ista potest intelligi.* Voyons trois choses dans cet enfant prodigue.

  1º. Son départ de la maison paternelle.

  2º. Son séjour dans cette terre étrangere.

  3º. Son retour vers son pere.

PREMIERE CONSIDERATION.

On peut dire que le premier des égaremens de l'Enfant prodigue fut, d'avoir abusé du tems precieux de la jeunesse ; *Dixit autem adolescentior*, au lieu d'elever ses yeux vers le Createur, pour lui rendre graces de lui avoir donné l'être, & lui faire offrande de la vie qu'il en avoit reçue, il les détourna vers la creature pour y mettre sa derniere fin ; il refusa d'être du concert mysterieux des enfans de Dieu, qui consacrent les premiers momens de la lumiere du jour dont ils entrent en possession, à publier les grandeurs de leur divin ouvrier ; *ubi eras cùm me laudarent simul astra matutina, & jubilarent omnes filii Dei?* Job 38.7. Cet enfant aveugle & libertin, ne vid pas qu'il s'engageoit dans une route écartée dont peut-être il ne reviendroit plus ; que c'est un proverbe établi par une longue experience, que l'homme sera tel dans sa vieillesse qu'il aura été dans sa jeunesse ; *Proverbium* Prov. 22.9.

eſt ,adoleſcens juxta viam ſuam ,etiam cùm ſenuerit, non re-cedet ab ea: que les vices de l'adoleſcence penetrent juſques dans la moelle des os du vicieux, & s'endorment avec lui dans le cercueil : *oſſa ejus implebuntur vitiis adoleſcentiæ ejus , & cùm eo in pulvere dormient;* qu'il ne redreſſera jamais les inclinations tortueuſes de ſa nature dépravée, qu'en ſe conformant à la rectitude de la Loy divine; *in quo corrigit adoleſcentior viam ſuam, in cuſtodiendo ſermones tuos:* que ſon eſprit une fois corrompu ne recouvrera preſque pas plus aiſément ſa premiere candeur, que la laine teinte & ſalie ſa premiere blancheur : *difficulter eraditur quod rudes animi perbiberunt, lanarum conchilia quis in priſtinum candorem revocet?* Que rien n'eſt plus ſalutaire, que de porter de bonne heure le joug du Seigneur, *bonum eſt viro cùm portaverit jugum ab adoleſcentiâ ſuâ :* & que les ſuites d'une innocence conſervée ſont autant heureuſes, que celles d'une jeuneſſe pervertie ſont funeſtes.

Combien d'exemples celebres ont verifié ces maximes ? Le ſaint Patriarche Joſeph animé d'un zele qui ſurpaſſoit ſon âge, n'aïant encore que ſeize ans, loin de ſoüiller ſa jeuneſſe, accuſa ſes freres de ſouiller la leur ; pourquoy donc s'étonner s'il ſupporta patiemment leurs jalouſies, & leur haine, ſi ſon courage ne s'abbatit point dans la ſervitude, s'il refuſa ſon cœur innocent aux attraits d'une maîtreſſe laſcive qui lui proſtituoit le ſien : ſi le Seigneur deſcendit avec lui dans la priſon, ſi la proſperité ne le corrompit pas, & ſi montant de vertus en vertus, il devint le Sauveur de l'Egypte, auſſi-bien que de ſa propre famille. Tobie

Tobie eſt loüé dans l'écriture, de ce qu'étant le plus jeune de tous ceux de ſa Tribu, il ne fit jamais rien de pueril, ni qui ſentît la legereté de cet âge ; *cumque eſſet junior omnibus in Tribu Nephtali, nihil tamen puerile geſſit in opere.* N'étant preſque encore qu'un enfant, il demeura ferme dans le culte du vray Dieu, malgré l'exemple ſcandaleux des autres, qui couroient adorer les veaux d'or élevez par Jeroboam : *hæc & his ſimilia ſecundùm legem Dei puerulus obſervabat;* une jeuneſſe ſi ſaintement paſſée fut comme le prélude d'une vie toute éclatante de vertus ; il eut un fils non moins ſucceſſeur de ſa pieté que de ſon bien, auquel dés la plus tendre enfance il inſpira la crainte de Dieu & l'horreur du peché, *quem ab infantiâ timere Deum docuit, & abſtinere ab omni peccato;* & qui profita merveilleuſement d'une ſi bonne éducation.

Eleazar, ce genereux Iſraelite, s'animoit à ſouffrir conſtamment le martyre, quoi qu'âgé de prés de cent ans, dans la vûe de ſa jeuneſſe paſſée dans l'innocence ; *at ille cogitare cœpit à puero optimæ converſationis actus ;* & ſaint Ambroiſe dans ce même eſprit attribue le courage de ſaint Agnés à ſouffrir le feu pour la défenſe de la foi, n'étant encore cependant âgée que de treize ans, au bonheur qu'elle eut de réünir en elle l'innocence d'un enfant, & la ſageſſe d'un vieillard, *infantia quidem computabatur in annis, ſed erat ſeneEtus mentis immenſa;* tels ſont les fruits d'une jeuneſſe innocemment paſſée, que noſtre enfant prodigue voulut ſacrifier à ſes plaiſirs : il ignoroit cet avis ſalutaire du Sage, ou plûtôt du ſaint

Efprit ; Mon cher enfant, nous dit il , employez les premiers ans de vôtre vie au fervice de celui de qui vous les tenez, & n'attendez-pas ces jours de douleur & d'affliction de la vieilleffe, qui vous étant defagreables à vous-même , ne pourront être que des facrifices peu agreables à Dieu : *memento Creatoris tui in diebus juventutis tuæ, antequam tempus veniat afflictionis , &c.*

Eccl. 12. 1.

Peut-eftre que ce malheureux enfant fe flata d'une converfion imaginaire à la fin de fa vie , qu'il fe promettoit devoir être longue, & qu'il vouloit paffer dans les plaifirs ; difant avec les anciens impies, allons, profitons du tems de la jeuneffe, livrons-nous fans bornes à la joie & aux divertiffemens que le monde nous offre, & couronnons-nous de rofes avant qu'elles fe flétriffent ; *venite ergo, & fruamur bonis quæ funt, & utamur creaturâ tanquam in juventute celeriter, coronemus nos rofis antequam marcefcant.*

Sap. 2. 6.

Il eft vray que Dieu prolonge affez fouvent la vie aux pecheurs, foit par indulgence pour les méchans, afin qu'ils fe corrigent, & qu'ils s'édifient de la vertu des bons ; foit par amour pour les bons, afin qu'ils fe perfectionnent étant exerçez par la perfecution des méchans, fuivant cette parole celebre de faint Auguftin : *omnis malus aut ideò vivit , ut corrigatur, aut ideò vivit ut per ipfum bonus exerceatur,* & l'on ne void que trop de vieux pecheurs au monde.

Mais d'autre part il devoit fçavoir qu'une mort avancée, eft fouvent la jufte punition du peché commis de bonne heure ; que le Seigneur abrege les jours de l'impie, qui naturellement devroient eftre plus longs ; *sublati sunt ante tempus suum.* Diminuant par miséricorde, & la multitude des crimes que le méchant commettroit, & la grandeur des peines qu'il s'attireroit, & le nombre des innocens qu'il pervertiroit, s'il vivoit plus long-tems, dit saint Grégoire, *ut malus breviter vivat, ne multis bene agentibus noceat.*

C'est ainsi que les jours d'Ochosias furent abregez, il n'avoit que ving-deux ans quand il monta sur le thrône, *viginti duorum annorum erat cùm regnare cœpisset.* Mais ayant été méchant devant le Seigneur, il ne regna qu'un an : *fecit malum coram Domino, & uno anno regnavit.* Le sort d'Amon fut presque le même, il n'avoit aussi que ving-deux ans quand il parvint à la couronne, *viginti duorum annorum erat cùm regnare cœpisset :* mais ayant abandonné le Seigneur, il mourut au bout de deux ans, *dereliquit Dominum, & duobus annis regnavit.* Jechonias ressembla aux deux precedens, il n'avoit que dix-huit ans quand il commença de regner, *decem & octo annorum erat cùm regnare cœpisset,* mais étant devenu impie comme ses predecesseurs, trois mois terminerent son regne & sa vie, *fecit malum coram Domino, & tribus mensibus regnavit.* Les enfans du grand Prêtre Heli devant succeder au Sacerdoce de leur pere, & s'étant écartez de leur devoir, un Prophete vint de la part de Dieu qui parmi diverses punitions dont il assura que le Seigneur les châtieroit, leur prédit, que la plûpart des enfans qui sortiroient de cette famille sacerdotale, mourroient à la fleur de leur âge ; *& pars magna domûs*

G g g g ij

Job. 22. 14.

Ibid.

4. Reg. 8. 26.

4. Reg. 21. 19.

4. Reg. 24. 8.

1. Reg. 2. 3.

tuç morietur cùm ad virilem ætatem venerit.

Ajoûtez à ces considerations la perte de plusieurs belles esperances que le vice entraîne aprés luy, com l'experience journaliere ne le montre que trop : ce jeune enfant faisoit tout attendre du bon naturel , dont il étoit prévenu, de ses heureuses qualitez, de son esprit porté à la science, de son cœur enclin à la vertu, sage, pieux, bien élevé, qui promettoit tout, soit pour la vie Ecclesiastique, soit pour la vie civile, en un mot, qui pouvoit remplir avec succez les plus importans emplois, & se rendre utile à la religion, & à l'etat : cependant tous ces talens ont échoüé, toutes ces esperances se sont évanoüies, parce qu'il est devenu vicieux, arrogant, impie ; il n'est plus bon à rien, il sera rejetté du Seigneur. Tel fut l'enfant prodigue d'aujourd'huy, encore plus prodigue pour avoir dissipé les biens spirituels, & en avoir arresté le cours, que pour avoir perdu les riches établissemens, & les postes avantageux que son pere lui eût procuré s'il fût demeuré dans le devoir. En voici deux exemples celebres de l'Ecriture, l'un est pris du sacerdoce, & l'autre de la royauté : Heli étoit souverain Pontife chez les Juifs, mais à cause de ses pechez cet'honneur lui fut ôté, & transferé à une autre famille: *loquens locutus sum,* lui dit Dieu par la bouche d'un Prophete, *ut domus tua ministraret in conspectu meo in sempiternum, nunc autem absit hoc à me, suscitabo sacerdotem fidelem qui juxta cor meum faciet.* L'autre exemple, est de Saül, qui pour ses grandes qualitez ayant été élevé à la royauté, en fut dépoüillé pour ses crimes, & sa couronne donnée à un autre, *pro eo quod*

1. Reg. 2.

1. Reg. 15.

abjecifti fermonem Domini, abjecit te Dominus, ne fis Rex, & *1. Reg. 15.*
tradidit regnum proximo tuo meliori te. Voilà pour le pre-
fent, voicy pour l'avenir, *quod fi non feciffes, jam nunc* *1. Reg. 13.*
preparaffet Dominus regnum tuum fuper Ifraël in fempiter- *13.*
num, fed nequaquam regnum tuum ultra confurget.

Ces veritez non moins importantes, que peu connues, ont fait gemir les Saints les plus éclairez, dans
leur âge même avancé, des pechez de leur jeuneffe, dont ils ont vû & apprehendé les fuites, &
dont ils ont fenti les peines. Le bien heureux homme Job, ne fe plaignoit-il pas amoureufement de
ce que le feu de la juftice divine le dévoroit en punition des pechez de fon adolefcence! *Et confumere*
me vis peccatis adolefcentiæ meæ. Car le premier âge auquel les juftes commencent à fervir Dieu, leur devient fouvent dans la fuite un fujet d'humiliation &
de crainte, quand ils font avancez dans la perfection,
dit faint Gregoire: parce que la folidité de leur efprit & de leur vertu venant à croître, fait qu'ils
ne voyent plus que des fautes dans leurs commen-
cemens. Ce fage difcernement, & cet œil épuré que
l'âge, l'experience & la vertu leur ont acquis, leur
perfuade qu'il n'y a eu rien que d'indifcret, & de de-
fectueux dans leur devotion naiffante: *Jufti viri cùm*
in magna mentis maturitate proficiunt, nonnunquam ad me-
moriam actionum fuarum initium reducunt, feque tantum
de fuis primordiis reprehendunt, quantum ex gravitate men-
tis altiùs profecerant: quia eò indifcretos fe fuiffe inveniunt,
quò difcretionis artem poftmodum pleniùs confequuntur. Que
fi le fouvenir des pechez de la jeuneffe eft fi amer,

& s'il cauſe tant d'effroy aux plus ſaints, quand iſs y penſent dans leur âge avancé, que ſera-ce du remords q e cauſent les crimes commis dans la vieilleſſe mê-me, lorſqu'on en rappelle la triſte idée à l'heure de la mort? *Hinc conſiderandum*, pourſuit ce grand Pontife, *quantum ſint peccata gravia juvenum & ſenum, ſi & illud ſic juſti metuunt, quod in infirma ætate deliquerunt.*

Le Prophete Roy, dit ſaint Ambroiſe, ne prioit-il pas le Seigneur d'oublier les pechez, & les folies de ſa jeuneſſe? *Delicta juventutis & ignorantias meas ne memineris, Domine.*

Icy, continuë ce Pere, admirez l'humble remontrance du Prophete: Pour apporter quelque eſpece d'excuſe aux premiers deſordres de ſa vie, & en obtenir plus aiſément le pardon, ill allegue le penchant & la fragilité de l'âge, auquel il les a commis: *Pulchrè id ætatis arripuit ad querelam, quæ magis ad vitium lubrica eſſe conſuevit.* En effet, ajoûte le même Saint, l'enfance eſt comme protegée par l'innocence dont elle eſt revêtuë: *habet enim pueritia innocentiam.* La vieilleſſe ſe ſoûtient contre le peché par la prudence, & la jeuneſſe par la pudeur, & par la crainte de l'infamie: *Habet ſenectus prudentiam, juventus bonæ exiſtimationis intuitum, & verecundiam delinquendi:* Mais l'adoleſcence ſeule paroît comme depourvûë de force & & de conſeil, contre les appas & les illuſions du vice, tant elle eſt ardente dans ſes convoitiſes, indocile aux reprehenſions, & âpre aux plaiſirs: *adoleſcentia ſola eſt invalida viribus, infirma conſiliis, vitio calens, faſtidioſa monitoribus, illecebroſa deliciis;* c'eſt donc avec raifon que le Prophete reprefentoit à Dieu, qu'il eût égard à cet âge infirme auquel il s'étoit laiffe comme entraîner dans le déreglement : mais l'Enfant Prodigue n'étoit-il pas bien coupable, de facrifier à fes convoitifes naiffantes, toutes ces femences de vertus naturelles, triftes débris de nôtre nature déchûe, & de perdre avec la grace, l'innocence de l'enfance, la pudeur de la jeuneffe, la gloire de l'âge viril, & de s'attirer les jugemens & les châtimens d'un profanateur de tous les âges de l'homme, même de la vieilleffe, fi fon retour ne la prévenoit pas : *Dixit autem adolefcentior.*

SECONDE CONSIDERATION.

Le fecond égarement de l'Enfant Prodigue, fut d'avoir fecoüé le joug de l'obéiffance paternelle : il avoit un pere, fage, jufte, bon, mifericordieux, opulent, comme on le voit peut-être par une affemblée de parens qui fe fit au fujet du partage de fes biens, & du départ de fon puîné, *congregatis omnibus* ; par la maniere tendre dont il le reçut à fon retour, & dont il confola fon aîné ; par les biens qui luy refterent aprés même ce partage, & fans doute qu'il remplit tous fes autres devoirs à l'égard de cet enfant dénaturé ; qu'il luy donna une bonne éducation, qu'il le reprit de fes défauts ; qu'enfin le jugeant incorrigible, il luy remit la portion des biens qui luy convenoit, & qu'aprés luy avoir fans doute donné fes derniers & plus importans avis, il l'abandonna à regret à fon

mauvais fort, ne pouvant plus le retenir, ni le re=
mettre dans le bon chemin, & ne voulant pas forcer
son libre arbitre, dit saint Jerôme : *id est, dedit eis libe-*
rum arbitrium, dedit mentis propriæ libertatem, ut viveret
unusquisque, non ex imperio Dei, sed obsequio suo : id est, non
ex necessitate, sed ex voluntate, ut virtus haberet locum.
Ainsi cet enfant indocile, ennuyé d'étre plus long-
temps sous la discipline & la dépendance paternelle,
s'imagina qu'il seroit plus heureux devenu maître de
luy-même, & de ses volontez ; mais, helas ! combien se trompoit-il ?

     En effet, 1º. Saint Augustin observe aprés les plus
anciens Docteurs de l'Eglise, que dans la Genese
l'Ecriture ne donne point à Dieu le nom de Seigneur,
que lors de la formation de l'homme : auparavant
c'est Dieu qui crée le Ciel & la terre ; mais c'est le
Seigneur qui forme l'homme, sans doute pour luy
faire sentir sa dépendance, & que la même voix qui
le tiroit du neant, luy apprenoit qu'il avoit un maître, & luy imposoit l'obligation de luy obéir : *Proin-*
de nullo modo vacare arbitror, sed nos aliquid, & magnum
aliquid admonere, quod ab ipso divini libri hujus exordio,
ex quo ita cœptus est : In principio fecit Deus cœlum & ter-
ram, usque ad formationem hominis nunquam positum est,
Dominus Deus ; sed tantummodo Deus. . . . non quòd supra-
dictarum creaturarum Dominus non esset Deus. . . . sed ad
admonendum hominem, quantum ei expediat habere Domi-
num Deum, hoc est, sub ejus dominatione obedienter vivere.
Combien donc le désobéissant s'éloigne-t il des loix
primordiales de sa premiere origine, & du bonheur
essentiel

essentiel pour lequel il est formé, qui consiste à être dans l'ordre, la situation & la subordination naturelle où le Créateur l'a placé, & à luy être soumis; sans quoy il devient luy-même son propre supplice, comme un membre qui est hors de sa place: *Jussisti enim, & sic est, ut pæna sua sibi sit omnis inordinatus animus,* dit ce même Pere.

    2°. Nôtre libertin se laissa de plus aveugler au desir de l'indépendance, en cela vray enfant d'Adam, à qui le démon suggera le desir de violer le précepte, afin de joüir d'une entiere liberté, de n'être soumis à personne, & de se rendre indépendant comme Dieu: *Ut nullo sibi dominante fieret sicut Deus, quia Deo nullus utique dominatur,* ajoûte saint Augustin; mais l'homme sentit bien-tôt son erreur; loin d'être devenu maître de luy-mesme, il perdit le domaine qu'il exerçoit auparavant sur luy-mesme: son esprit s'étoit revolté contre Dieu, sa chair se revolta contre son esprit; l'orgueil avoit entrepris sur le domaine de Dieu, la convoitise entreprit sur le domaine de l'homme: *Non enim in Paradiso caro concupiscebat adversùs spiritum, aut erat ibi pugna ubi pax erat sola; sed factâ transgressione, posteaquam homo servire noluit Deo, cœpit caro concupiscere adversùs spiritum:* La peine fut reciproque, & la desobéissance fut punie par la desobéissance, *ut pœnâ reciprocâ inobedientia plecteretur,* juste supplice de l'homme desobéissant, qui trouva sa peine dans son crime, & son esclavage dans sa liberté; *hæc est enim pœna inobedienti homini reddita in semetipso, ut ei vicissim non obediatur nec à semetipso.* Malheur qu'aucuns des pe-

H h h h.

C. 1. 12.

In Ps. 77.

Serm. 43.
de verb.
Dom.

L. 14. de
Civ. Dei, c.
17.

Cont. adv.
Leg. &
proph. l. 1.
c. 14.

cheurs n'éprouvent davantage que les defobéiffans à ceux qui leur tiennent la place de Dieu, puifque plus que tous les autres ils ne ceffent d'eftre agitez par les revoltes de la partie inferieure contre la partie fuperieure, ainfi que l'experience l'apprend, & que faint Auguftin l'enfeigne : *Nec fieri poteft, ut voluntas propria non grandi ruinæ pondere fuper hominem cadat, fi eam voluntati fuperioris extollendo præponat* ; Reduits à voir perpetuellement en eux la partie inferieure dominer la partie fuperieure, & l'efprit fervir à la chair ; à propos de quoy fainte Syncletique difoit admirablement, que l'obéiffance étoit en un fens préferable à la chafteté ; parce que la chafteté engendre fouvent l'orgueil, & que l'obéiffance produit toûjours l'humilité ; *Dixit fancta Syncletica, continentiæ obedientiam præponimus, quoniam continentia arrogantiam habet, obedientia autem humilitatem.* Peut-on trouver un exemple de toute cette doctrine, plus terrible que celuy de l'Enfant Prodigue, qui n'ayant pas voulu vivre foumis à fon Pere, fe vit foumis à fervir des pourceaux, les plus indociles de tous les animaux domeftiques, & les moins foumis à leur maître, qui ne fuivent pas leurs guides & pafteurs comme les brebis, mais qu'on doit fuivre, fi on ne veut les perdre, *ut pafceret porcos.*

30. Mais outre la revolte de la partie inferieure, l'homme fe vit encore affujetti au démon ; car, ainfi qu'obferve faint Auguftin, l'homme préferant la joüiffance de fa liberté à la dépendance de fon Créateur, fut tellement livré à luy-mefme, qu'il ne de-

vint pas neanmoins poſſeſſeur de luy-meſme ; le démon s'empara de luy comme d'une maiſon vacante,
qui n'avoit point de maître ; & l'homme ſe vit poſ-
ſedé par celuy qui l'avoit trompé : *Factà tranſgreſſione
precepti, poſtquam homo noluit ſervire Deo, & donatus eſt
ſibi, nec ſic donatus ſibi, ut poſſit ſaltem poſſidere ſe ; ſed
ab eo poſſeſſus à quo deceptus.* Ce n'eſt pas que Dieu l'ait
ordonné ainſi, mais il l'a permis juſtement : *Modus
autem iſte quo traditus eſt homo in diaboli poteſtatem, non ita
debet intelligi tanquam hoc Deus fecerit, aut fieri juſſerit ;
ſed quòd tantùm permiſerit, juſtè tamen :* ſans douce afin
que l'homme tourmenté par un maître ſi fâcheux,
ſongeât à retourner à la maiſon de ſon pere, & à ſe
remettre ſous ſon joug ſuave, ainſi que fit l'Enfant
prodigue, *ibo ad patrem meum, &c.* C'eſt ainſi que
ſaint Paul livra un homme au démon, afin que tourmenté par un tel Miniſtre de la juſtice divine, il ren-
trât dans le bercail, & ſe ſoumît à ſon Paſteur, *ut ſpi-
ritus ſalvus ſit ;* & qu'il vît ſous quelle tyrannique domination ſon libertinage l'avoit aſſervi, quel chef il
s'étoit donné, & avec quels complices il s'étoit en-
rollé. Car, comme raiſonne ſaint Thomas, le démon dans le Ciel ayant voulu pretendre à l'indépendance de Dieu meſme, & ſe ſouſtraire à ſa domination, attira les Anges apoſtats dans ſa revolte, ſous le
doux appas de la liberté, & il ſe ſervit de cette meſme
tentation pour renverſer l'homme dans le Paradis ter-
reſtre, devenant ainſi le Roy de tous les ſuperbes,
qu'il flate de vouloir faire heureux, en leur perſua-
dant de ſecoüer le joug du Createur, pour n'eſtre

Ser. 43. *de
verb. Dom.*

De Trin. l.
13. *c.* 12.

H h h h ij.

gênez par aucun précepte, ni foumis à aucun Seigneur : *Et per hunc modum dicitur diabolus caput omnium*
malorum ; nam , ut dicitur Job 41. ipfe eft Rex fuper uni-ver-
fos filios fuperbiæ , pertinet autem ad gubernatorem , ut eos
quos gubernat ad fuum finem adducat : finis autem diaboli eft
a-verfio creaturæ rationalis à Deo ; unde & à principio ho-
minem ab obedientiâ divini præcepti remo-vere tenta-vit , ipfa
autem a-verfio à Deo habet rationem finis in quantum ap-
petitur fub ratione libertatis , fecundùm illud Jerem. 2. A
fæculo confregifti jugum , rupifti -vincula , dixifti : Non fer-
-viam. In quantum igitur ad hunc finem aliqui adducuntur
peccando , fub diaboli regimine & gubernatione cadunt , &
ex hoc dicitur eorum caput : D'où il eft vifible , que dés
lors qu'on fe fouftrait à l'obéiffance dûë à Dieu en
la perfonne des Superieurs par l'amour de l'indépendance, on fe range fous l'étendart du démon , fe
faifant membre d'un tel chef, qui n'influë pas à la
verité comme le Sauveur , dans ceux qui le fuivent,
mais qui les dirige, les conduit & les remue.

4°. Le peché fut un autre maître , fous l'injufte
domination duquel l'homme fe fouftrayant à l'autorité legitime de Dieu , fe vit affujetti. Quiconque
fait le peché , dit celuy qui feul peut nous en délivrer, eft l'efclave du peché : *Omnis qui facit peccatum ,*
fer-vus eft peccati. Les Juifs fe croyoient libres, parce
qu'ils n'étoient efclaves d'aucun Prince : *Nemini fer-*
-vivimus unquam. Mais plût à Dieu , dit faint Auguftin , qu'ils l'euffent été d'un barbare , & non du peché , *utinam hominis , & non peccati.* Ce faint Docteur
obferve, que le Sauveur, en prononçant cet oracle, a

S. Th. 3. p. q. 8. a. 7.

Joan. 8. 34.

Ibid.

voulu l'attefter par un ferment redoublé, *Amen, amen, dico vobis* ; a voulu prendre à témoin la verité même, qui n'étoit autre que luy, *multùm commendat qui fic pronuntiat*. Si l'efclave malheureux ne peut fe délivrer de la fervitude, il peut efperer de changer de maiftre ; mais le pecheur le peut-il ? *Servus peccati quid faciet, quem interpellet?* L'efclave fatigué de l'inhumanité d'un maiftre impitoyable, peut s'enfuir ; mais où s'en ira le pecheur pour fe dérober au peché ? ne le porte-t-il pas partout avec luy ? *Servus peccati quò fugiet, fecum fe trahit quocunque fugerit.* Le criminel fe refugie quelquefois dans l'Eglife, comme dans un azyle inviolable à la juftice humaine : *Aliquando fugiunt homines ad Ecclefiam* ; mais le peché ne pourfuit-il pas le pecheur jufqu'aux pieds des Autels mefmes ? & les chaînes dont il tient garottée fon ame, ne font-elles pas plus difficiles à rompre que les plus fortes chaînes de fer dont le corps du criminel eft chargé ? *Velle meum tenebat inimicus, & inde mihi catenam feccrat, & conftrinxerat me, & tenebat me obftrictum dura fervitus.* Tel étoit l'état déplorable de l'Enfant prodigue dans cette terre étrangere : tel eft l'état de tous ceux qui l'imitent, de tous ceux qu'il figure.

Au refte que le rebelle à fes Superieurs ne s'excufe pas, & ne fe défende point quand il leur defobéit, difant qu'il defobéit à l'homme, & non pas à Dieu, ou qu'il n'y eft pas obligé en confcience ; vains pretextes que faint Paul refute par cette parole celebre : Que toute ame, dit cet Apôtre foit foûmife aux Puiffance élevées audeffus d'elle : *Omnis anima poteftatibus*

fublimioribus fubdita fit ; où l'expreffion dont il fe fert
d'ame, *omnis anima,* fait voir qu'on doit fe foûmettre
à fes Superieurs , non-feulement exterieurement ;
mais d'efprit & de volonté ; car, ajoûte-t-il, quiconque refifte à fon Superieur, refifte à l'ordre de Dieu
même : *Qui poteftati refiftit, Dei ordinationi refiftit ;* & s'attire la damnation : *Qui autem refiftunt, ipfi fibi damnatio-*
nem acquirunt. D'où vient que le Sauveur difoit à fes
Apôtres, qui vous écoute, m'écoute, qui vous méprife, me méprife. L'inferieur doit donc obéïr, premierement à raifon de l'autorité qui commande ;
c'eft Dieu même. En fecond lieu, à raifon de l'autorité à laquelle fe foûmet le défobeïffant ; c'eft au demon, à la convoitife, au peché. Enfin à raifon de
l'excellence & de la dignité de l'hoftie que l'obéïf-
fant immole ; c'eft fon entendement & fa volonté.

Mais l'Enfant prodigue refiftoit à l'autorité de fon
propre pere, en ne l'écoutant pas, & en l'abandon-
nant, quoique le pere foit le vray fuperieur à l'égard
de fes enfans, & que ce foit la domination la plus
douce , la plus naturelle & la plus recommandée ,
& qui reprefente mieux celle de Dieu fur l'homme ;
comment donc pouvoit il efperer de vivre en paix
dans fon libertinage, refiftant à l'ordre invariable
établi de Dieu dans la fubordination de fes créatures ; foûlevant en foy la partie inferieure contre la
partie fuperieure ; s'affujettiffant au demon, le plus
violent & le plus injufte des maîtres : car, felon faint
Auguftin , ce Citoyen au fervice duquel il fe mit ,
adhefit uni civium regionis illius , n'eft autre qu'un des

miniſtres de Lucifer, *aliquis aërius Princeps ad militiam diaboli pertinens.* Enfin donnant lieu au regne du peché dans ſon cœur.

TROISIE'ME CONSIDERATION.

IIIº. La troiſiéme cauſe de la dépravation de l'Enfant prodigue fut de s'être retiré de deſſous les regards de ſon pere : car à peine eut-il touché l'argent de ſa legitime, & mis ſon équipage en état, *congregatis,* ou, comme lit ſaint Jerôme, *collectis omnibus,* qu'il partit auſſi-tôt de la maiſon paternelle, impatient d'aller donner carriere à ſes convoitiſes effrenées, *cupiditate fruendi creaturâ, relicto creatore,* dit ſaint Auguſtin ; & cela dans un pays éloigné, afin d'y vivre à ſa mode, hors la vûe importune de ſon pere : *profectus eſt ſtatim in regionem longinquam.* Telle eſt la diſpoſition de tous les pecheurs, de fuir & d'éviter, s'ils pouvoient, les regards de leur Pere celeſte.

Adam & Eve couverts de honte aprés leur crime, allerent ſe cacher dans l'obſcurité d'un bois, *abſcondit ſe Adam & uxor ejus à facie Domini Dei, in medio ligni Paradiſi ;* comme s'ils euſſent pû ſe dérober aux yeux de celuy à qui rien n'eſt caché, dit ſaint Auguſtin, *quaſi eum latere vellent, quem latere nihil poteſt.* Cain imita ſon pere devenu pecheur, il voulut ſe cacher hors la face du Seigneur, *à facie tua abſcondar :* car, comme obſerve ſaint Ambroiſe, telle eſt l'inclination de l'impie, qui commet audacieuſement le crime, & qui voudroit artificieuſement le voiler,

Gen. 3. 8.

L. 1 r. *de Gen. ad litt. c.* 3 4. *p.* 8 9 6.

Gen. c. 14, & 16.

qui velare vult culpam, & celare peccatum. Semblable à Caïn, qui forti de la prefence du Seigneur, devint errant & vagabond fur la terre, *egreſſuſque Cain à facie Domini, habitavit profugus in terra.*

Judas, vray Caïn du monde nouveau, & figuré par cet ancien homicide, fortit de la prefence du Sauveur, pour aller commettre la plus déteſtable de toutes les trahifons, *cùm ergo accepiſſet buccellam, exivit continuò.*

Sathan, le chef des réprouvez, voulant affliger Job, fortit de devant la face du Seigneur : *egreſſus Sathan à facie Domini, percuſſit Job* : ce qui fignifie, dit faint Gregoire, qu'il alla mettre à execution fa mauvaife volonté: *voluntas noxia ad opus proceſſit, & ad malitiæ ſuæ vota pervenit.*

Ces deux vieillards, qui n'eurent pas honte d'attenter à la pudicité de la chaſte Sufanne, détournerent leurs yeux pour ne pas regarder le Ciel, qui les regardoit, *declinaverunt oculos ſuos, ut non viderent cælum;* tandis que cette vertueufe femme refiſtoit à leurs injuſtes defirs, par ce motif, que Dieu la voyoit: *melius eſt mihi abſque opere incidere in manus veſtras, quàm peccare in conſpectu Domini.*

Les Juifs impies voilerent la face du Sauveur dans fa Paſſion, afin de ne le pas voir, & de n'en être pas vûs, & de le frapper avec plus d'audace. En un mot, tous les pecheurs ne fongent qu'à fortir de cette divine prefence, pour s'abandonner fans retenue aux vices, & cacher à leurs penfées celuy aux yeux duquel ils ne peuvent fe cacher; ils vont même

plus

L. 2 de
Abel &
Cain c. 9.

Luc. 22. 30.

Job 2. 7.

In cap 1.
Job c. 8.

Dan. 13. 9.

plus loin, & la corruption du cœur les jette souvent dans l'aveuglement de l'esprit; devenus incredules aprés avoir été rebelles, ils dogmatisent, & osent dire avec les anciens impies : Est-ce que le Treshaut connoît ce qu'on fait icy bas : *Et dixerunt, Quomodo scit Deus, & si est scientia in Excelso ?* Que cette pensee ne vienne point arrêter le cours de nos plaisirs. Non, non, le Seigneur ne verra point ce que nous faisons, & le Dieu de Jacob n'en sçaura rien : *Et dixerunt : Non videbit Dominus, nec intelliget Deus Jacob.* Insensez, leur répond le Prophete, & plus insensez que la populace même que vous méprisez tant, avec vôtre superbe philosophie : *Intelligite, insipientes in populo ;* celuy qui a formé l'oreille n'entendra-t-il point vos blasphemes ? celuy qui vous a donné l'œil ne verra-t-il point vos injustices ? *Qui plantavit aurem non audiet, aut qui finxit oculum non considerat ?* L'iniquité de mon peuple est montée à son comble, disoit Dieu par la bouche d'Ezechiel, parce qu'ils disent que le Seigneur ne les voit pas; *iniquitas Israël magna est nimis valdè, dixerunt enim, Dominus non videt.* En general, c'est un reproche que l'Ecriture fait partout au pecheur, de n'avoir pas Dieu devant les yeux, *non est Deus in conspectu ejus,* & de se souïller par une suite comme necessaire, dans toute sorte d'iniquitez, *inquinatæ sunt viæ illius in omni tempore.* La reflexion la plus cuisante du peché de David, fut l'attention que Nathan luy fit faire d'avoir offensé Dieu en sa presence : *Quare ergo contempsisti verbum Domini, ut faceres malum in conspectu meo ?* & que ce

Ps. 72. 11.

Ps. 93. 7.

9. 9.

I iii

ſaint Penitent faiſoit luy-même, lorſque penetré de douleur il s'écrioit, *& malum coram te feci*; & ſans ſortir de nôtre Evangile, n'allons-nous pas voir dans un moment l'Enfant prodigue revenu à luy-même, s'écrier avec autant de douleur d'avoir commis ſon crime, que d'étonnement d'avoir oſé le commettre en la preſence de Dieu : Mon pere, en quel aveuglement ay-je été, d'avoir peché contre le Ciel, & devant vous : *Pater, peccavi in cælum & coram te*. Soyez chaſtes, diſoit ſaint Auguſtin, ou ſi vous voulez ne le pas être, cherchez un lieu où le Seigneur ne vous voye pas ; *caſtus eſto, aut ſi peccare vis, quære ubi te non videat Deus ;* conſideration puiſſante, qui convertit Thaïs, fameuſe pechereſſe, dont l'hiſtoire eſt aſſez connuë : car conduite pour pecher en un lieu obſcur, la ſeule reflexion que Dieu la voyoit la frappa tellement, que pleine des plus vifs ſentimens de componction, elle paſſa le reſte de ſes jours dans les larmes, ſans jamais regarder le Ciel par reſpect, qu'elle n'avoit pas regardé juſqu'alors par aveuglement : Que ſi l'immenſité, qui rend Dieu ſubſtantiellement preſent partout, rend les pecheurs encore plus coupables, elle rend auſſi les juſtes encore plus ſaints. Enoch marcha avec le Seigneur, dit l'Ecriture, & il n'apparut pas, parce que le Seigneur l'enleva : *Ambulavit cum Deo, & non apparuit, quia tulit eum Deus.* Noë trouva grace devant le Seigneur, il fut un homme juſte & parfait, il marcha devant Dieu : *Noë invenit gratiam coram Domino, vir juſtus atque perfectus fuit, cum Deo ambulavit.* Abraham entendit cette parole de

Gen. 5. 24.

Gen. 6. 8.

Dieu même : Je suis le Dieu tout-puissant, marchez devant moy, & soyez parfait : *Ego Deus omnipotens, ambula coram me, & esto perfectus.* L'Enfant prodigue choisit une autre route, & il s'enfuit de dessous les yeux de son pere, pour n'en être pas vû, il quitta sa compagnie, pour ne pas marcher avec luy ; il fit plus, il s'éloigna de la societé des Saints, representez par ses parens, qui s'assemblerent tres-apparemment pour dissuader ce départ malheureux dont ils ne purent le détourner, *congregatis omnibus* ; il voulut les délaisser, fermer l'oreille à leurs remontrances, & s'en aller dans un pays perdu, & où il devoit se perdre luy-même ; *peregrè profectus est in regionem longinquam* : il ne comprit pas combien cette separation luy seroit funeste : il ne dit pas avec le Prophete : Je veux être participant de tous ceux qui vous craignent, ô mon Dieu ; je veux être uni à tous ceux qui font profession de garder vôtre Loy ; je veux m'associer avec tous les gens de bien, m'unir à tous les justes, avoir liaison avec toutes les personnes pieuses, chastes, sobres, charitables, religieuses ; *particeps ego sum omnium timentium te, & custodientium mandata tua.* Car cette region éloignée où s'en alla cet Enfant prodigue, ne consiste pas, dit saint Ambroise, en une diversité de climats reculez, mais en une contrarieté de sentimens opposez : *non regionibus, sed moribus separari* : non en des pays distans, mais en des inclinations diverses, *studiis discretum esse, non terris* ; non à être divisez par un ocean d'eaux infinies, mais à être separez par les flots impetueux

L. 7. in Luc. n. 214.

d'une luxure débordée, qui met un divorce perpe-
tuel entre les élus & les réprouvez , *quasi interfuso luxuriæ sæcularis æstu divortia habere sanctorum.* Mais helas ! où va-t-il s'engager ? dans la plus détestable de
toutes les compagnies ; c'est-à-dire, s'associer avec
une troupe de prostituées , & la suite nombreuse
d'hommes impies qu'elles attirent aprés elles, *vivendo luxurisé cum meretricibus.*

QUATRIE'ME CONSIDERATION.

Si les raisons qui porterent l'Enfant prodigue à
s'en aller dans un pays éloigné, marquent les inclinations vicieuses de son cœur à s'éloigner de Dieu;
la vie licencieuse qu'il y mena ne fait pas moins voir
jusqu'où alla sa dépravation quand il y fut arrivé.
L'Evangile dit en deux mots, qu'il y dissipa son bien
vivant luxurieusement , *ibique dissipavit substantiam
suam vivendo luxuriosé :* c'est-à dire, qu'il y prit tous
les airs du grand monde ; que semblable à Absalom,
cet autre enfant dénaturé, il eut un équipage magni-
fique , carosses , cavaliers , domestiques *: fecit sibi cur-*
rus & equites, &) viros qui precederent illum ; qu'il dépen-
sa beaucoup en habits riches & brillans , ainsi que
ce favori d'Assuerus ; *fulgebat vestibus regiis , hyacin-*
thinis videlicet , & aëriis , amictus serico pallio atque pur-
pureo : qu'il aima le jeu, la musique, le bal, les spectacles , & tous les autres déplorables divertissemens
des amateurs du siecle réprouvé ; *parvuli eorum exul-*
tant lusibus, tenent tympanum & cytharam , & gaudent

ad sonitum organi : & pardessus tout cela, qu'il s'ensevelit dans un profond oubli de Dieu , & de ses jugemens ; car c'est ce que signifie ce voyage dans une region lointaine , selon saint Augustin : *regio itaque longinqua , oblivio Dei est.... spatiari pompis exterioribus.* Les paroles du texte nous donnent toutes ces idées, & si nous en doutons, apprenons le détail de ce qui se passe dans ce pays éloigné, par le recit fidele d'un autre Enfant prodigue, qui n'y séjourna que trop pour en rien ignorer, & qui revenu à luy nous le décrit en ces termes : Où étois-je , dit-il , Seigneur , & combien vivois-je éloigné des chastes délices de vôtre maison , lorsqu'étant encore tout jeune , je me vis engagé sous la tyrannique domination de ma convoitise ? *Ubi eram , & quàm longè exulabam á deliciis domûs tuæ , cùm accepit in me sceptrum vesania libidinis ?* Avec quels étranges habitans me trouvois-je associé , parmy lesquels on faisoit consister la plus grande gloire dans la plus grande infamie ? *Ecce cum quibus comitibus iter agebam platearum Babyloniæ , & tantò gloriantes magis , quantò magis turpes essent ?* Où on rougissoit de la vertu , où on se faisoit honneur du vice , où le moins déreglé passoit pour le plus méprisable ; *& præceps ibam tantâ cæcitate , ut inter coætaneos meos puderet me minoris dedecoris ;* & où l'on pechoit autant par le desir de s'attirer de la loüange , en passant pour un grand pecheur , que par l'attrait de goûter le plaisir qui se trouve dans le plus grand peché , *non solùm libidine facti , verùm etiam laudis.*

L. 2. qq. Evang. q. 2.

C. 2. 3.

1º. Le jeu étoit une de mes paſſions dominantes,
d'où naiſſoient en moy mille mouvemens impetueux,
qui me tranſportoient hors de moy-même, tels que
l'ardeur du gain, le deſeſpoir des pertes, les infide-
litez, les injuſtices, les tromperies, les imprecations,
enfin la perte du temps, plus precieux encore que
l'argent qu'on y perd : *relaxabantur mihi ad ludendum*
habenæ in diſſolutionem affectionum variarum, fraudulentas
victorias aucupabar, deprehenſus ſævire magis quàm cedere
libebat. Ah! combien ce que les plus anciens témoins
de la doctrine & de l'eſprit de l'Egliſe primitive ont
dit, eſt-il veritable, que les jeux de hazard ſont de
l'invention du démon ; que c'eſt un piege qu'il tend
à la ſimplicité des fideles, une ſource empoiſonnée
& intariſſable de toute ſorte de crimes, de parju-
res, de diſputes, de diviſions, de menſonges, d'em-
portemens, de rage & de fureur ; *illic vulnus inſana-*
bile, dementia & furia rabioſa. . . . audacia ſæva, menda-
cia, mens inſana, fera impatientia, nulla veritas, &c. Que
les mains du joüeur ſont armées contre luy même,
qu'elles luy raviſſent en un moment ce que ſes an-
cêtres avoient acquis avec bien du temps & des
ſueurs : *O manus crudeles ad periculum ſui armatæ, quæ*
bona paterna, & opes avorum ſudore quæſitas pernicioſo
ſtudio dilapidant ! que cette malheureuſe inclination
eſt un des plus violens germes de l'avarice, qu'elle
produit des extravagances & des impietez ſans nombre, des blaſphemes, des contentions, des diſcor-
des, des querelles, & qu'elle allume le feu de la cu-
pidité dans les veines du joüeur ; *juramenta ſunt illic,*

De alea a-
pud S. Cyp.

*contentioneſque pergraves, avaritiá partus furorem oſſibus
ludentium inſaniamque accendens,* &c. Quels étranges
ſpectacles voit-on dans ces ſortes d'Academies liber-
tines, dit ſaint Ambroiſe? un flux & reflux continuel
de gain & de perte; *omnes vincunt & vincuntur.* Des
joüeurs d'abord indigens, un moment aprés riches;
le moment ſuivant pauvres juſqu'à la nudité; *videas
egentes, repentè divites, deinde nudos:* à chaque coup de
dé, un changement de fortune, *ſingulis ictibus ſtatum
mutantes,* une vie auſſi incertaine que le ſort même
du dé; *vita eorum ut teſſera.* Or, comme celuy dont
nous parlons aujourd'huy fut un vray prodigue, un
vray diſſipateur, il eſt hors de doute qu'il joüa gros
jeu, & qu'il y fit de ſi grandes pertes, qu'elles ne
contribuerent pas peu à le jetter dans la mendicité:
& ipſe cœpit egere. Mais écoutons encore ſaint Auguſtin décrivant les égaremens de ſa jeuneſſe.

2°. Les ſpectacles n'avoient pas pour moy de
moindres charmes que le jeu; je trouvois d'autant
plus de douceur dans ces déclamations paſſionnées,
que j'y voyois mes miſeres plus tendrement dépein-
tes, & que j'y nourriſſois plus vivement le feu profane qui me brûloit: *Rapicbant me ſpectacula theatrica,
plena imaginibus miſeriarum mearum & fomitibus ignis mei.*
Pourquoy s'en étonner, puiſque le theatre eſt pro-
prement le Temple de Venus, dit Tertullien, *theatrum propriè ſacrarium Veneris:* c'eſt-à-dire, un Temple conſacré à la Déeſſe des impudicitez, dans lequel les adorateurs du vray Dieu ne doivent point
entrer, ſelon ce même Auteur, *nihil eſt nobis cum im-*

S. Baſil.
Ho. 8. fin.

De Tob. c.
III.

pudicitia theatri, dans lequel, continuë faint Auguftin, on eft d'autant plus touché des avantures amoureu-fes qu'on y écoute, qu'on eft moins gueri des paf-fions fenfuelles qu'on y porte: *Nam eò magis eis mo-vetur quifque, quò minùs à talibus affectibus fanus eft:* où la fymphonie qu'on y entend n'eft qu'une amorce de la luxure ; *fymphonia theatralis incentiva luxuriæ.* Que fi le theatre fe fait quelquefois honneur d'une morale philofophique, ce n'eft que pour attaquer le ridi-cule du monde, fans jamais toucher à fa corruption, pour lors d'autant plus perilleufe, qu'elle fe montre moins groffiere, & plus épurée. N'eft-ce pas là en-core où tout excite le fenfible, & par confequent, où tout attaque la pudeur; où l'on n'a de goût que pour ce qui eft défendu, & de dégoût que pour ce qui eft permis; où la prefence de l'amant agrée, & où celle du mari importune; où le vice eft toûjours plaifant ou excufé, & la vertu toûjours ridicule, ou incommode; où l'homme fe fait tout à la fois une reprefentation agreable de fes vices, & une trifte peinture de la vertu ; où les infenfibilitez des gens du monde fur les plaifirs des fens tiennent déja quel-que chofe de la mort, où l'on ne fent rien ; enfin, où ce qu'on nomme les belles paffions font la honte de la nature raifonnable, flatant la vanité d'un fexe, dégradant la dignité de l'autre, & affujettiffant tous les deux fous l'empire des fens & du demon. Ter-tullien rapporte, & prend Dieu à témoin qu'il dit la verité; *nam & exemplum accidit, Domino tefte,* que de fon temps une femme Chrétienne étant allée à

la

la Comedie, en revint possedée du diable, *theatrum adiit, & inde cum dæmonio rediit* ; & comme on l'exorcisoit, & qu'on blâmoit l'esprit immonde, d'avoir osé entrer dans le corps d'une personne consacrée à Jesus-Christ, il répondit qu'il l'avoit fait à juste titre, l'ayant trouvée dans un lieu qui luy appartenoit : *Justissimè quidem, inquit, feci, in meo enim inveni.* Cet Auteur ajoûte qu'une autre femme Chrétienne ayant aussi été un jour à la Comedie, la nuit suivante elle vit en dormant comme un drap mortuaire, & elle entendit une voix qui luy reprochoit d'avoir assisté à ce spectacle, & elle mourut le cinquiéme jour aprés : *Linteum in somnis ostensum diei nocte quâ Tragœdum audierat cum exprobratione nominatim Tragœdi, nec ultra quintum diem eam mulierem in seculo fuisse.* Saint Augustin raconte qu'il avoit plus heureusement gueri de cette folie & de cette peste, *ab illà insaniâ, ab illà peste*, un de ses amis, en l'obligeant de renoncer aux spectacles, & que peu aprés quelques libertins ayant comme par force entraîné au theatre cet ami, celuy-cy ferma les yeux & retint son cœur, pour ne pas voir ni goûter ces pernicieuses representations : *clausis foribus oculorum, interdixit animo ne in tanta mala procederet.*

Conf. 6. 7.

3°. La bonne chere fut un autre déregl ment de l'Enfant prodigue, qui l'apauvrit bien-tôt : *dissipavit substantiam suam vivendo luxuriosè* ; car en quelles pitoyables extremitez la gourmandise ne précipite-t-elle pas?

Premierement, *elle prive de toutes sortes de biens* ; car

K k k k

elle ravit *les biens de la nature*, puifqu'elle ruine le meilleur temperament, qu'elle caufe des maladies fans nombre, & qu'elle abrege la vie. Ne foiez point avide, & ne vous jettez pas fur toute forte de viandes, dit le Sage, crainte de contracter diverfes infirmitez, & de diminuer vos jours ; *noli avidus effe in omni epulatione , & non te effundas fuper omnem efcam , in multis enim efcis erit infirmitas ;* car la crapule tuë une infinité de gens , & la fobrieté prolonge la vie, *propter crapulam multi obierunt , qui autem abftinens eft , adjiciet vitam.*

Elle ravit les biens *de la fortune*, l'Ecriture nous apprenant, & l'experience le verifiant affez, que celuy qui cherche les feftins rencontrera la pauvreté, *qui diligit epulas , in egeftate erit ;* que celuy qui aime les vins exquis , & les viandes délicates , ne s'enrichira jamais , *qui amat vinum & pinguia , non ditabitur :* & que fon corps nourri fi délicatement de tant d'excellens mets, ne fera bien-tôt couvert que de vils haillons, *veftietur pannis ;* que l'eftomach de l'homme fobre eft bien-tôt rempli, mais que le ventre du gourmand eft infatiable , *juftus comedit , & replet animam fuam , venter autem impiorum infaturabilis.*

Elle ravit les biens *de la reputation*, puifque rien ne décrie tant un homme, & ne le perd plus d'honneur, que de paffer pour un parafite & un coureur de bons repas, *facilè contemnitur qui fepè vocatus ad epulas ire non recufat,* dit faint Jerôme.

Elle ravit les biens *de la raifon* , puifqu'un gourmand devient tout brute, & tout hebeté, *pinguis ven-*

Eccli. 36. 32.
Prov. 21. 17.
Prov. 23. 20.
Prov. 23. 25.

ter non generat tenuem sensum, selon le même Pere.

Elle ravit les biens *de la grace*, *& de la gloire*, puisque l'intemperance du gourmand n'est que la reiteration de l'intemperance d'Adam, qui le depoüilla de l'innocence, & qui le chassa du Paradis ; saint Paul nous avertissant que les gourmands, & les yvrognes, ne possederont jamais le Roïaume de Dieu, *manifesta sunt opera carnis, quæ sunt ebrietates, & comessationes, & his similia, quoniam qui talia agunt, regnum Dei non possidebunt.*

Galat. 5.2x;

En second lieu, l'intemperance est opposée à *toute forte de bonnes œuvres*, renfermées sous le jeûne, l'aumône & la priere, de quoi l'intemperant devient absolument incapable ; car l'abstinence le rend malade, la bonne chere l'apauvrit, la multitude des viandes l'accable & l'apesantit, selon cette parole du Sauveur : Prenez bien garde à ne pas laisser apesantir vos cœurs par la gourmandise & par la crapule, *attendite ne graventur corda vestra in crapulâ & ebrietate*, de peur que la mort ne vous surprenne en cet état malheureux, *& superveniat in vos repentina illa dies.*

Luc. 21.34;

En un mot, la gourmandise engage *à toute forte de crimes & de pechez*, puisqu'elle est non seulement une extinction de toute dévotion, selon saint Bonaventure, *hebetat intellectum, & affectum devotionis obruit* ; mais de plus qu'elle est une disposition à l'impieté entiere. Moïse sur la montagne ayant jeûné quarante jours, reçut la Loi sainte, écrite du doigt même de Dieu sur deux tables de pierre, mais l'intemperance du peuple les brisa : *quas enim tabulas digito Dei confcriptas, jejunium accepit, has ebrietas comminuit,* dit ſaint Baſile. Le ſacrilege eſt encore un germe de la gourmandiſe. Eſaü, nommé par les anciens Docteurs, le premier *Simoniaque* du monde, vendit ſon droit d'aîneſſe, auquel le Sacerdoce étoit attaché, pour le plaiſir de manger d'un vil aliment: *Primogenitorum gloriam Eſaü amiſit, quia magno æſtu deſiderii vilem cibum concupivit,* obſerve ſaint Gregoire. Les enfans d'Heli profanerent leur Sacerdoce & leurs Sacrifices par cette même ſenſualité de la bouche, continuë ce Pere, *eo quod crudas carnes quærerent, quas accuratiùs exhiberent:* crime que l'Ecriture appelle tres-grand, parce qu'ils retiroient par-là le peuple du culte de Dieu, *erat ergo peccatum puerorum grande nimis coram Domino, quia retrahebant homines à ſacrificio Dei:* & pour aller plus haut, la deſobéiſſance d'Adam ne fut-elle pas un effet de ſon intemperance? *intemperantia ventris Adamum ejecit è Paradiſo,* dit ſaint Chryſoſtome; deſobéiſſance que ſes enfans réiterent toutes les fois qu'ils ſe répandent immoderément ſur les viandes, ajoûte ſaint Gregoire, *& dum immoderatè manus ad cibum extenditur, parentis primi lapſus extenditur.* La rebellion des Iſraëlites contre le Seigneur ne vint-elle pas de leur intemperance? *Et verſi in ſeditionem dixerunt: Da nobis aquam ut bibamus:* leur idolatrie ne fut-elle pas encore une ſuite de cette gourmandiſe? tandis que Moïſe purifié par le jeûne adoroit le Seigneur ſur le haut de la montagne, le Juif ſoüillé par la gourmandiſe adoroit le veau d'or dans la plaine; *ſedit populus manducare & bibere, & ſurrexerunt ludere;*

1. Reg. 2.
17.

Exod. 32.
6.

Num. 10.3.

qui l'eût cru, qu'un peuple si bien instruit de la Religion du vray Dieu par tant de prodiges, eût dû si promptement changer sa gloire en une telle ignominie? *Et mutaverunt gloriam suam in similitudinem vituli comedentis fœnum* : & que la crapule pût précipiter l'homme dans un tel aveuglement ; *suprà montem jejunium Legis latæ conciliator fuit, inferiùs verò gula ad idololatriam populum deduxit, ac contaminavit ; uno temporis momento ob gulam populus ille per maxima prodigia Dei cultum edoctus, in Ægyptiacam idololatriam turpissimè devolutus est*, & saint Paul ne nous avertit-il pas que les sensuels n'ont point d'autre Dieu que leur ventre? *Quorum Deus venter est, hujusmodi enim Christo Domino nostro non serviunt, sed ventri suo.* Quelle abominable Divinité !

Pf. 105.20.

Philip. 3: 19. Rom. 16.17.

Enfin le renoncement à toute Religion est le comble des horreurs où plonge la gourmandise. L'Ecriture nous enseigne en termes exprés, que le vin & les femmes précipitent les hommes même les plus sages dans l'apostasie, *vinum & mulieres faciunt apostatare sapientes, & arguent sensatos.*

Eccl. 19. 2.

4°. La luxure fut un autre abysme où se plongea malheureusement l'Enfant prodigue, ayant non seulement dissipé, mais devoré son bien avec des femmes perduës, *devoravit substantiam suam vivendo luxuriosè cum meretricibus* : cela pouvoit-il être autrement? puisque l'intemperance, & la luxure, sont deux vices inseparables, qui se suivent, & qui se fortifient mutuellement l'un l'autre : aussi lisons-nous partout dans les Peres, que la crapule est la mere de l'incon-

tinence, *ebrietas libidinis parens*: qu'elle en eſt la nour-
rice, *fomentum libidinis*; qu'elle en eſt l'accroiſſement,
flamma libidinis; qu'elle en eſt le thrône, *ubicunque ſa-*
turitas atque ebrietas fuerint, ibi libido dominatur; que Noé
aprés s'être défendu de la corruption du monde entier, ſe laiſſa ſurprendre au vin & à l'immodeſtie, *ine-*
Gen. 9. 21. *briatus eſt & nudatus in tabernaculo ſuo*: que Loth, cet
homme juſte & ſaint, qui s'étoit conſervé pur au mi-
lieu d'un peuple abominable, tomba de l'yvreſſe dans
l'inceſte; *Loth quem Sodoma non vicerat, vina vicerunt*:
que Holophernes, vainqueur de tant de nations, ſe
laiſſa honteuſement vaincre àces deux ignominieuſes
convoitiſes, *bibit enim multum vinum nimis; & viſâ Ju-*
dith, cor ejus concuſſum eſt, & erat ardens in concupiſcentiâ ejus.
L'Apôtre ne les ſepare preſque jamais : Ne vous laiſ-
fez point aller, dit-il, à la crapule, *non in comeſſationi-*
Rom. 13.
23. *bus & ebrietatibus*; ajoûtant auſſi tôt, nià la molleſſe
& à l'impudicité, *non in cubilibus & impudicitiis*: N'ayez
point de commerce avec un Chrétien de nom, & qui
en effet eſt un impudique, & un intemperant: *Scripſi*
1. Cor. 5.
11. *vobis non commiſceri ſi is qui frater nominatur, eſt fornicator*
aut ebrioſus: les œuvres de la chair ſont connues de
Gal. 6.19 tout le monde, *manifeſta ſunt opera carnis*, telles que
l'intemperance & l'impureté, *quæ ſunt immunditia, im-*
pudicitia, ebrietates; comeſſationes: le luxurieux ſe plonge
dans le vin comme un inſecte venimeux dans un
Eph. 16.
18. bourbier, *nolite inebriari vino, in quó eſt luxuria*: & en general l'Apôtre ſaint Pierre parle de ces deux crimes
1. Pet. 4.
3. comme toûjours aſſociez enſemble: *Qui ambulave-*
runt in luxuriis, vinolentiis, comeſſationibus, potationibus.

CINQUIE'ME CONSIDERATION.

Nôtre Enfant prodigue se livrant à tant de vices
dont un seul auroit suffi pour épuiser des trésors im-
menses, eut bien·tôt consumé le bien qu'il avoit ap-
porté dans cette terre étrangere, *& postquam omnia
consummasset* : figure de la dissipation que fait le pecheur des bonnes qualitez dont le Pere céleste l'avoit
avantagé comme d'un riche patrimoine, & de l'indigence spirituelle qui suit necessairement une si mé-
chante administration, dit saint Augustin, *malè uten-*
do naturalibus bonis, tanquam anima sui potestate delectata,
id quod illi est vivere, intelligere, meminisse... En quelle
misere ne tombe-t-il pas, même selon le monde corrompu, dont il n'est alors que le rebut, tous ses or-
ganes, toutes ses puissances, toutes ses facultez sont
affoiblies pour les avoir outrées dans la débauche ;
le feu de l'imagination, la vivacité de l'esprit, l'en-
joüement de la conversation, la fleur de la jeunesse,
le ris agreable, la mine relevée, la serenité du front,
l'air gracieux ; tout cela disparoît, les cheveux blan-
chissent, les rides s'élevent, la tête se courbe, les maladies surviennent, le corps usé par les excés, triste
reste du peché, n'est plus qu'un objet odieux & dé-
goûtant, *malè utendo naturalibus bonis.* La raison se trouve alterée & obscurcie, la volonté dépravée & encli-
ne au mal, les méchantes habitudes enracinées, les
bonnes inclinations éteintes, la réputation perdue,
le bien temporel dissipé : voilà où le peché reduit en-

fin l'homme, *& postquam omnia consummasset*, que luy
reste-t-il donc, sinon de se répandre en d'inutils re-
grets, ainsi qu'il est rapporté dans le Livre de la Sa⁊
gesse : Mon cher enfant, nous dit-elle, gardez-vous
bien de consumer vos forces, & de détruire vôtre
bon temperament dans la dissolution, de peur que
vous ne gémissiez à la fin de vôtre vie, & que vous
ne disiez : Pourquoy me suis-je écarté de la bonne
éducation que j'avois reçûe ? d'où vient que j'ay été
indocile à la voix de mes parens, de mes précepteurs,
de mes pédagogues ? d'où vient que j'ay rejetté leurs
salutaires instructions, que je me suis revolté contre
leurs charitables reprehensions ? *Ne fortè gemas in no-*
vissimis, quando consumpseris carnes tuas, & corpus tuum,
& dicas : cur detestatus sum disciplinam, & increpationibus
non acquievit cor meum ? D'où vient que j'ay bouché l'o-
reïlle aux remontrances qu'ils m'ont faites, que j'ay
fermé les yeux aux lumieres dont ils m'ont éclairé ?
Prov. 5. 11.   *Nec audivi vocem docentium me, & magistris non inclinavi*
aurem meam. Comment n'ay-je pas rougi de me plon-
ger dans toute sorte de dissolutions, au milieu même
de l'Eglise, & de l'assemblée des justes : *Penè fui in*
omni malo, in medio Ecclesiæ, & Synagoga. L'Enfant prodigue étoit encore trop hors de luy-même pour faire
de si serieuses reflexions ; il luy falloit un nouveau
degré d'humiliation ; la Providence, qui veilloit sur
luy, permit qu'une famine generale affligeât le Pays
où il étoit, & qu'il éprouvât les rigueurs de la faim,
facta est autem fames valida in regione illa, & ipse cœpit
egere ; quelle misere ! il sentoit la faim exterieure, &

ii

il ne fentoit pas la faim interieure qui le dévoroit ; il ignoroit cette menace de Dieu par le Prophete Amos : J'envoyeray une faim fur la terre, qui ne fera pas une faim d'un pain materiel, ni d'une eau corruptible, mais de la parole de Dieu, *Mittam famem in terram, non famem panis, neque fitim aquæ, fed audiendi verbum Dei.* Sorti hors de luy même, & répandu fur un nombre infini d'objets agreables aux fens, dont la multitude & la varieté l'avoient agreablement diverti, il n'avoit pas connu jufqu'alors le vuide de fon ame affamée, laquelle peut pour un temps être amufée par des biens bornez & apparens, faits à la verité pour elle, mais incapables de remplir celle qui ne peut être remplie que de Dieu feul, pour lequel elle eft faite, *animam Deo capacem quidquid Deo minus eft occupare poteft, fatiare non poteft :* Vous nous avez formez pour vous, Seigneur, s'écrioit faint Auguftin, & nôtre cœur eft toûjours agité jufqu'à ce qu'il fe repofe en vous ; *quia fecifti nos ad te, & irrequietum eft cor noftrum donec requiefcat in te.* Et malgré la mifere où fe trouve la nature humaine, ô mon Dieu, je reconnois que l'homme eft un fi grand bien, qu'il ne peut être heureux que par la poffeffion du fouverain bien ; *tam magnum quippe bonum eft natura rationalis, ut nullum fit bonum quo beata fit, nifi Deus ;* toute autre richeffe que vous, Seigneur, n'eft que pauvreté, toute autre poffeffion n'eft que privation, tout autre abondance n'eft qu'indigence ; *omnis mihi copia, quæ Deus meus non eft, egeftas eft.* C'eft où l'Enfant prodigue en étoit : que fera-t-il dans cette angoiffe ? il étoit forti riche de la maison paternelle; *congregatis omnibus, profectus est*; il est devenu pauvre jusqu'à la mendicité dans cette terre étrangere, *& ipse cœpit egere*; car, comme observe encore saint Jerôme, on ne trouve que famine par tout où Dieu ne se trouve pas : *Omnis locus quem Patre incolimus absente, famis, penuriæ & egestatis est*; il étoit autrefois recherché par toutes les meilleures compagnies du grand monde, il est à present relegué dans un miserable village avec les pourceaux : *misit eum in villam, ut pasceret porcos* : il avoit secoüé le joug de l'obéissance paternelle, pour devenir son maitre : *Da mihi portionem substantiæ quæ me contingit*; il est devenu l'esclave d'un démon ; *abiit & adhæsit uni civium regionis illius.* Car ce citoyen qu'il prit pour maître n'est autre qu'un Prince des tenebres, selon saint Jerôme, *junxit se Principi hujus mundi, id est, diabolo rectori tenebrarum.* Pouvoit-il être esclave d'un plus cruel Tyran, continuë le même Pere, *misit eum in possessionem suam, id est, suum effecit esse famulum* : son argent luy avoit donné lieu de faire servir les autres à sa luxure, *dissipavit substantiam suam vivendo luxuriosè;* la pauvreté le contraint de servir d'instrument à la luxure des autres, leur prétant son infame ministere pour leur procurer ce que les autres luy avoient procuré : *misit eum ut pasceret porcos.* Sa jeunesse, sa beauté, son luxe luy avoient facilité les moyens de choisir à souhait, & de joüir des plaisirs les plus exquis, *devoravit substantiam suam cum meretricibus,* son âge avancé, son indigence, ses infirmitez, & la laideur survenue, font qu'il desire à present, & qu'il ne peut ob-

tenir les reſtes meſmes des débauches d'autruy , s'il
ne les achete : *cupiebat implere ventrem ſuum de ſiliquis
quas porci manducabant , & nemo illi dabat.* Il étoit devenu ſemblable à ces malheureuſes pechereſſes dont
parle le Prophete Ezechiel , qui loin d'exiger un prix
pour condeſcendre au crime , n'ont pas honte d'en
offrir un pour le commettre : *Hi ſunt in quibus prophe-* *Ibid.*
ticus ſermo completur : omnibus meretricibus dantur mercedes,
tu autem dediſti mercedem omnibus amatoribus tuis , & non
recepiſti mercedem , ainſi qu'obſerve ſaint Jerôme ſur
cet endroit. Quelle horrible abjection , quel effroya-
ble aviliſſement ! à quoy le peché ne reduit il pas
l'homme ? L'Enfant prodigue ne trouvant plus au
dehors de luy-meſme qu'affliction , amertume , humiliation , commença pour lors de rentrer au dedans
de luy-meſme , *in ſe autem reverſus.* Or ce retour fut
pour lui un commencement de reſipiſcence , continue ſaint Auguſtin ; *iſta recogitatio jam reſipiſcentis eſt ;*
pouvant bien dire avec ce Saint , gémiſſant ſur ſes
égaremens paſſez : Seigneur , s'écrioit-il , ſorti hors
de moy-même , je ne pouvois ni me retrouver en
vous , ni vous retrouver en moy , *ego autem à me diſ-* *L. 5.*
ceſſeram , nec me inveniebam , quantò minus te ? Depuis la
ſortie de la maiſon paternelle , ſon ame vagabonde
avoit erré d'objet en objet , cherchant en vain dans
la multiplicité & la varieté des créatures , un bonheur
qu'elle avoit perdu dans l'unité du Créateur ; *que-*
rens in multiplicitate creaturæ, dit ſaint Auguſtin , *quod*
amiſit in unitate Creatoris. Mais helas ! en quel état déplorable ne retrouva-t-il pas ſon interieur ? Sembla-

ble à Judas Machabée, entrant dans le Temple aprés la retraite des Idolâtres, il ne vit qu'un Sanctuaire desert, un Autel profané, des portes brûlées, des épines & des ronces partout : *Viderunt sanctificationem desertam, altare prophanatum, portas exustas, virgulta nata, &c.* Trop heureux cependant d'avoir prévenu cette derniere heure, où le pecheur rentrera pour toûjours en luy-mesme, sans esperance d'en sortir jamais, lorsque toutes les portes de ses sens étant fermées, il sera contraint d'y demeurer éternellement renfermé, dit saint Bernard, *Erit autem hic reditus sine dubio vel post mortem cum universa quibus ad vagandum foras, & inutiliter sese occupandum in eam, quæ præterit, hujus mundi figuram, egredi consueverat ; ostia corporis clausa erunt, ut necessario maneat in seipsa, cui nullus jam pateat exitus à seipsa, verùm is quidem perniciosissimus erit reditus, & miseria sempiterna.*

De Conver ad Cler. c. 6. 4.

L'Enfant prodigue n'attendit pas ce dernier malheur, car aprés être rentré en luy-même, effrayé de la misere qu'il y trouva, il imita encore ces pieux Israëlites qui à la vue de leur Temple desolé déchirerent leurs vêtemens, répandirent des larmes, mirent de la cendre sur leurs têtes, se prosternerent par terre, & cierent vers le Ciel, *sciderunt vestimenta sua, planxerunt planctu magno, imposuerunt cinerem super caput suum, ceciderunt in faciem, & exclamaverunt.*

Voici le premier rayon de lumiere qui descendit sur luy : la maison paternelle lui revint dans l'ésprit, il se reprocha d'avoir quitté le meilleur Pere du monde ; il se representa les richesses de sa famille, où juſqu'aux mercenaires l'on vivoit dans la ſplendeur, & l'abondance : *quanti mercenarii in domo patris mei abundant panibus;* il ſe reſſouvint des robes precieuſes dont il avoit été revêtu, des bagues & joyaux, dont il étoit orné, *citó proferte ſtolam primam, & induite illum, date annulum in manu ejus;* des chauſſures magnifiques dont on le paroît, *& calceamenta in pedes ejus :* il rappella dans ſa memoire la bonne chere, & les feſtins qu'on faiſoit chez lui; *addducite vitulum ſaginatum, & occidite, & manducemus, & epulemur.* Il lui ſembloit d'entendre encore, la ſymphonie, les danſes, & les concerts qui retentiſſoient dans la maiſon lors des rejoüiſſances, & des fêtes publiques; *audivit ſymphoniam & chorum.* Car ce qu'on fit aprés ſon retour n'étoit qu'une repreſentation de ce qu'on avoit fait avant ſon départ. A ce ſouvenir des biens paſſez ſe joignit le ſentiment des maux preſens, car que ne ſouffroit-il pas de l'extrême miſere où il ſe trouvoit? Sans argent, ſans bien, ſans maiſon , ſans reſſource, reduit à ſervir un maiſtre, ou plûtôt un miniſtre du demon, dit Tertullien, *cui alii quàm diabolo ſervitium ſuum tradidit,* qui le tenoit à la campagne dans un chetif hameau, & qui l'obligeoit de garder les pourceaux, animaux les plus ſales, & les plus infects, qui ne ſe plaiſent que dans la boue, & l'ordure qu'ils mangent meſme, *porcus animal immundum eſt, quod cœno & ſordibus delectatur,* dit ſaint Jerôme: & qui ne luy laiſſoit pour toute nourriture que les reſtes de ces meſmes pourceaux, quelques abominables qu'ils fuſſent, encore ne pouvoit-il pas les avoir

Ad Dam.

à souhait, car il defiroit d'en remplir fon ventre affamé, & perfonne ne les lui donnoit, *cupiebat implere ventrem fuum de filiquis quas porci manducabant, & nemo illi dabat.* Verifiant ainfi à la lettre cette parole de Jeremie, que ceux qui fe nourriffoient dans la pourpre, étoient reduits à fe repaître d'ordures, *qui nutriebantur in croceis, amplexati funt ftercora.* Il fe voyoit dénué des chofes les plus neceffaires à la vie, periffant de froid, & de faim, *hic autem fame pereo,* allant nuds pieds *date calceamenta in pedes ejus.* Telle eft la recompenfe des enfans libertins, qui délaiffent leur Pere celefte, pour fuivre le demon ; il leur promet des biens immenfes, des plaifirs infinis, une liberté charmante de faire tout ce qu'ils voudront, il leur offre le monde entier, & toute fa gloire, & cependant dans leur extrême faim, il ne leur prefente que des pierres, & leur fait acheter à la fin le mal mefme qu'il leur fait commettre; occupé de ces triftes, mais falutaires penfées, il fe leve, *furgens :* car, comme obferve faint Jerôme, la fituation du pecheur eft d'être renverfé, & celle du jufte, d'être droit, *peccatorum jacere, juftorum ftare eft,* il fe refoud d'aller trouver fon pere, & de lui dire fans doute, la douleur dans le cœur, & la larme à l'œil : Mon pere, mon cher pere, j'ai peché contre le Ciel; car j'en ai détourné les yeux, & je l'ai meprifé, & celui qui l'habite; je lui ay preferé la terre, & j'ai renoncé, malheureux que je fuis, à la Jerufalem celefte ma mere : *peccaverat in cœlum qui Jerufalem celeftem reliquerat matrem,* dit faint Jerôme; j'ay peché contre vous, mon cher

pere, que j'ai abandonné, transferant au demon , &
à des ſtatues de bois, l'honneur que je ne dois qu'à
vous ſeul , ô mon adorable Createur. *Peccaverat co-*
ram patre, qui, conditore deſerto, fuerat ligna veneratus ; je
ne ſuis pas digne d'être appellé vôtre fils, aprés
m'être donné le demon pour pere; *non erat dignus vo-*
cari filius Dei , qui ſervus eſſe maluerat idolorum ; loin de
prétendre à la qualité glorieuſe de voſtre enfant, je
ſeray trop heureux d'être mis au nombre de vos
mercenaires , ou des Juifs, à qui vous avez ſi ſouvent
pardonné , quoiqu'ils vous ayent ſi ſouvent of-
fenſé & qu'ils ne vous ayent ſi ſouvent ſervi que par
interêt; *recipe filium pœnitentem , qui mercenariis tuis Ju-*
dæis peccantibus ſæpiſſimè peperciſti. Eclairé, ému , encou-
ragé , fortifié par la grace , *ex gratiâ magis quàm ex me-*
ritò , continue toûjours le meſme Saint, il prend re-
ſolution de ſe lever , & d'aller à ſon Pere, *ſurgam*
& ibo ad Patrem meum, Il étoit déja rentré en luy-
même , & il en ſort de nouveau, non pour aller dans
un pays éloigné comme la premiere fois, mais pour
retourner en la maiſon paternelle , *& ſurgens venit*
ad Patrem , & y revenir , afin d'y rentrer, & d'y demeurer avec ſon Pere , & de ne le plus quitter, pour
ne plus tomber, n'étant tombé que pour l'avoir quitté; dit ſaint Auguſtin : *redit priùs ad ſe, ut redeat ad illum*
unde ceciderat à ſe, ubi tutiſſimé ſervet ſe: or comme il étoit
encore loin , ſon pere le vit, *cùm autem longè adhuc eſ-* Jean 3. 10.
ſet , vidit illlum pater ipſius ; mais il le vit de cet œil de
tendreſſe & de compaſſion , dont il vit autrefois
les Ninivites lui criant miſericorde, *& vidit Deus ope-*

ra illorum, quia conversi sunt de *via sua mala, & misertus est*
Deus. Et accourant au devant de lui, il l'embrassa,
lui mettant ses bras au col ; *accurrens cecidit super collum*
ejus, lui appliquant par une faveur anticipée, car il
n'étoit pas encore dans la maison, les merites de son
fils qui n'étoit pas encore incarné, & l'attirant à lui
par des graces prévenantes, & fortes, *Deus per Verbum*
suum quod carnem sumpsit ex Virgine, reditum filii sui anti-
cipat; car la sortie du Verbe par l'incarnation, devoit
préceder l'entrée de l'enfant prodigue dans la maison,
ante venit ad terras quàm ille domum intraret; & il lui
donna le sacré baiser d'une parfaite reconciliation ;
& osculatus est eum, acquiesçant par avance au desir de
l'Eglise future son epouse, *osculetur me osculo oris sui :*
qu'il me baise du baiser de sa bouche, disoit elle,
comme si la nature humaine lui eût dit par la bouche
de cet enfant autrefois égaré, maintenant revenu:
Ne me parlez plus par vos Prophetes, ne m'instrui-
sez plus par vos Legislateurs ; *nolo mihi dicens per Moy-*
sen, nolo per Prophetas loquatur; mais revêtez-vous de
ma chair, & donnez moi le sacré baiser d'une paix
éternelle ; faites retentir vostre voix humaine à mes
oreilles : *ipse meum corpus assumat, ipse me osculetur in car-*
ne; car ce qui se passa dans la conversion de la gentilité se renouvelle dans la conversion de chaque pecheur. Tout cecy est de saint Jerôme. L'enfant prodigue autrefois vagabond, à present revenu, entre
donc dans la maison paternelle, figure de l'Eglise,
dans laquelle seule on reçoit la remission des pechez,
où l'on joüit de la communion des Saints, *incipit jam*
peccata

peccata conſtitutus in Ecclesiâ confiteri, dit ſaint Auguſtin:
il ne profere pas ce qu'il avoit prémedité de dire à
ſon Pere; il lui devoit dire: Mon pere, j'ai peché contre le Ciel & contre vous, je ne ſuis pas digne d'ê-
tre appellé vôtre fils, traitez-moi comme un de vos
mercenaires; *fac me ſicut unum de mercenariis tuis ;* il ſup-
prime ces dernieres paroles; *ſicut unum de mercenariis
tuis :* il ceſſe de vouloir eſtre un Juif intereſſé , qui
d'enfant étoit devenu ſerviteur : *ſervus jam factus ex
filio,* dit ſaint Ambroiſe: il commence d'être un Chrétien genereux, qui de ſerviteur devenu enfant, ne ſe
conduit plus ni par la crainte des peines, ny par la
vuë des recompenſes temporelles: aprés le baiſer de
ſon pere, l'amour pur anime ſon cœur, & il dédai-
gne à preſent les pains dont les mercenaires abon-
doient : *non addit quod in illâ meditatione dixerat: fac me ſicut unum de mercenariis tuis : cùm enim panem non haberet;
vel mercenarius eſſe cupiebat, quod poſt oſculum patris gene-
roſiſſimè jam dedignatur :* le deſir du pain le faiſoit être
ſerviteur, le baiſer de paix le fait eſtre enfant; il le
fait rentrer dans tous les droits de l'heritage dont
il s'étoit exclu, il lui attire ſur le champ les plus precieuſes benedictions de ſon pere : apportez - lui
promptement, dit ce pere attendri, s'addreſſant à
ſes domeſtiques, apportez-lui ſa premiere robe, &
l'en revétez : *Dixit autem pater ad ſervos ſuos, citò proferte ſtolam primam, & induite illum.*

Or qu'eſt-ce que *cette robe ancienne,* ſinon la robe
d'innocence & de gloire dont Adam avoit été premierement reveſtu, & enſuite dépoüillé; dont le fi-

M m m m

dele eft reveftu dans fa regeneration fpirituelle , &
dont le peché le dépoüille ; *ftola prima eft dignitas quam
perdidit Adam* ; car elle eft cette robe nuptiale fans laquelle on ne peut être admis au banquet du Roy ,
quam qui non habuerit , non poteft Regis intereffe convivio.

Les *ferviteurs* chargez d'apporter cet habit myfte-
rieux , *afferte ftolam* , font les Miniftres de la Penitence , les Prédicateurs Evangeliques , les Anges du
Ciel , & les Juftes de la terre , invitez à fe réjoüir de
la converfion d'un pecheur , & à donner gloire à
Dieu ; *fervi qui eam proferunt , reconciliationis Prædicatores.*

La *bague* , ou *l'anneau* qu'on met en fa main , *&
date annulum in manu ejus* , eft le gage amoureux de fa
nouvelle alliance avec Dieu , le chafte Epoux de fon
ame par le faint Efprit , appellé le doigt de Dieu :
*Annulus in manu pignus eft Spiritûs fancti propter gratiæ par-
ticipationem , quæ digito Dei benè fignificatur.* Et il com-
prend que fi les anciennes Ecritures portoient que
Jefus-Chrift devoit mourir pour nous , les nouvel-
les écritures portent que nous ne devons vivre que
pour lui.

Les *chauffures* que l'on met à fes pieds , *& calceamenta in pedes ejus* , fignifient les démarches qu'il doit
tenir déformais dans les voyes de la doctrine évangelique , l'obligation qu'il a de ne plus fe falir par
aucune affection terreftre , & fon attention à ne fe
pas laiffer furprendre , ni mordre par l'ancien fer-
pent : *calceamenta in pedes , præparatio evangelifandi ad
non tangenda terrena , ut in ea parte in qua infidiatus eft fer-*

pens majus subsidium sanctificationis accedat, quo postea te supplantare non possit, dit saint Ambroise.

Le veau gras qu'on amene, qu'on tue, qui repaît la famille, & qui fait l'honneur du festin, *& adducite vitulum saginatum,* qu'est-il autre chose que la victime des pechez du monde, Jesus-Christ immolé à la croix, & rassasié d'opprobres, *vitulus saginatus ipse idem Dominus, sed secundùm carnem satiatus opprobriis,* dit saint Augustin; qu'on amene au pécheur quand on le lui prêche: *adducite,* continue saint Ambroise, *quid aliud est nisi, ut prædicent eum.* Qu'on tue pour lui, quand on lui applique les merites de sa mort & passion; *nam etiam ut occidant eum jubet, hoc est, ut mortem ejus insinuent,* & qu'il croit avec confiance qu'il est mort pour son salut, *& occidite; hinc enim cuique occiditur, cùm credit occisum;* dont il se nourrit quand le pere de famille par son ministre prudent & fidele, l'admet à cette table mystique, à ce banquet royal, *& epulemur,* pour y manger la chair adorable, & pour y boire le sang precieux de cette hostie grasse, *vitulus item saginatus Salvator est, cujus quotidiè carne pascimur, cruore potamur,* dit saint Jerôme; dont il remplit ses entrailles, quand elles sont aussi affamées de cet aliment celeste, qu'elles l'étoient des écosses dont se nourrissoient les pourceaux, *& venire faciant in exhausta fame viscera;* suivant cette parole de nostre texte: *cupiebat implere ventrem suum.* La feste, & le festin qu'on commence dans la maison du pere de famille, n'est rien que cette joye de la converfion du pecheur qui commence en cette vie, & qui se consommera dans l'autre, *& cœperunt epulari.*   M m m m ij

Tel eſt le propre de la grace dans la converſion & la juſtification du pecheur, repreſenté par l'Enfant prodigue, ſelon la doctrine des Peres.

Terminons cette Homelie par la converſion d'un autre enfant prodigue, rapporté auſſi dans l'Ecriture.

4. Reg. 21.
1. 2 Paral
33

Anaſſés fut un des plus méchans Princes qui jamais aïent gouverné le peuple d'Iſrael ; il n'avoit que douze ans quand il commença de regner : mais il ſurpaſſa bientôt en impieté les Amorrhéens, & les autres nations execrables que Dieu avoit exterminées de la terre par le miniſtere de Joſué pour leurs abominables pechez ; il dreſſa des autels aux faux Dieux ; il éleva des idoles juſques dans le Temple du Seigneur, *extruxit aras in Domo Domini* : Il s'a-donna aux augures, aux devins, aux ſortileges, aux malefices, aux enchantemens, à la magie, & il conſacra ſes enfans au demon par le feu ; *Ariolatus eſt, & obſervavit auguria, & fecit Pythones, & aruſpices multiplicavit, maleficis artibus inſerviebat, habebat ſecum magos, & incantatores, traduxit filios ſuos per ignem, &c.* Il ſéduiſit ſes ſujets, il les engagea dans ſes crimes, & dans ſes erreurs, il détruiſit autant qu'il put en eux la foy, la religion, & le culte du vray Dieu : *ſeduxit Judam, & habitatores Jeruſalem, peccatis quibus peccare fecit Judam, &c.* Il maſſacra les Prophetes, qui pouſſez d'un bon zele, oſerent le reprendre, & lui parler au nom du Seigneur : *verba videntium qui loquebantur ad eum in nomine Domini Dei Iſrael.* En vain lui dirent-ils que Jeruſalem ſeroit razée rez

pieds rez terre, que lui & fon peuple, feroient pris &
menez en une dure captivité, que fon Roïaume , &
toute la Judée periroient par le fer , & par le feu , &
qu'elle feroit livrée en proye à une nation barbare,
qui la détruiroit de fonds en comble ; *eruntque in vaf-*
titatem , & in rapinam cunctis adverfariis fuis : tant de
menaces, ne l'arrefterent pas, une fureur aveugle
le tranfporta comme hors de lui-mefme , & ce Prince inhumain tua tant d'innocens , qu'il fit nager
Jerufalem dans une mer de fang ; *infuper , & fangui-*
nem innoxium fudit Manaffes, donec impleret Jerufalem ufque
ad os. Le Prophete Ifaye, iffu du fang royal , & fon
ayeul , ou fon beau-pere, à ce qu'on croit , âgé de
prés de cent ans , ne fut pas exempt de cette horrible boucherie, il ne confidera ni la grandeur de fa
naiffance, ni l'éminence de fa vertu , ni le refpect
dû à fes cheveux blancs, il oublia les fervices importans que ce grand Saint avoit rendu au Roy Ezechias, & à l'Etat : la délivrance miraculeufe de la vil-
le de Jerufalem affiegée par les Affyriens , où prés de
deux cent mille hommes perirent par un Ange ex-
terminateur : la fanté & la prolongation de la vie de
ce même Roy : le Soleil arrefté dans fa courfe, &
foûmis à fes ordres , & tant d'autres prodiges dont
cet admirable Prophete avoit été le miniftre : tout
cela ne l'arréta pas , & ce Prince cruel le fit fcier de
la téte en bas avec une fcie de bois , afin que fon
fupplice fût plus long & plus douloureux.

Que faites vous, Prince infenfé , ne mettrez-
vous point de fin à vos crimes ? Ne rentrerez-vous

point en vous - même ? Avez - vous abandonné
pour toûjours le Seigneur? où plûtôt, fes miferi-
cordes font-elles épuifées pour vous ? Non , non ,
vous en ferez un exemple illuftre, & vôtre converfion deviendra jufqu'à la fin du monde l'admiration
des juftes,&l'efperance des pecheurs. Voicy des ennemis puiffans, de terribles inftrumens de la juftice & de
la bonté de Dieu, qui vont charger fon corps de chaînes de fer, & délivrer fon ame des liens du peché. Les
formidables Affyriens , les ennemis irreconciliables
du peuple de Dieu, entrent en Judée, ils en font la con-
quefte, ils fe faififfent de Manaffez , ils le garottent,
& le menent pieds & mains liées en Babylone, avec
une partie de fon peuple : *Idcircò fuperinduxit eis Prin-*
cipes exercitûs Regis Affyriorum , ceperuntque Manaffen,
& vinctum catenis atque compedibus duxerunt Babylonem.
Mais ce ne fut pas encore affez pour luy faire lever
les yeux au Ciel, d'où luy venoient ces favorables in-
fortunes. On luy fait fon procés, on le met entre les
mains de Juges implacables ; on le condamne à un
fupplice affreux, à eftre mis dans un vaiffeau d'airain
percé par divers endroits, & expofé fur des brafiers,
afin que l'ardeur du feu l'embrafât peu à peu, & le fît
perir par ce genre de fuplice auffilong que cruel, ainfi
que S. Jerôme le raporte fur la Tradition des Hebreux:
in Babylonem ductus & in vafe æneo perforato miffus, ad-
moto igne. Reduit à cette déplorable extremité, ne fe
reconnoîtra t-il point? n'invoquera-t-il point le Seigneur? ne gémira-t il point? ne criera-t-il point vers
le Dieu de fes Peres ? Nullement. Il invoque les dé-

mons, qu'il avoit adorez, il les appelle à fon fecours, il les prie de le venir delivrer : *invocavit omnia nomina idolorum quæ colebat.* Ce remede eft inutile, ces fauffes Divinitez ne le délivrent point ; le feu commence à lui faire fentir fes ardeurs ; il voit qu'il va perir fans reffource, & que d'un feu temporel, il va paffer dans des brafiers éternels. Dans cette terrible angoiffe, fon Pere, le pieux Roy Ezechias, lui revint en memoire ; il fe fouvient de lui avoir fouvent oüi dire, qu'en quelque tribulation qu'on fût, pourvû qu'on invoquât le Seigneur, & qu'on fe convertît à lui, qu'il nous exauceroit : *& cùm non fuiffet ab idolis exauditus, neque liberatus, recordatum fuiffe, quòd à patre crebrò audierat : Cùm invocaveris me in tribulatione, & converfus fueris, exaudiam te.* Ce fut alors, ce fut dans ce moment heureux, que la grace penetrant dans fon cœur, il leva les yeux au Ciel, & fit à Dieu cette priere, qui partoit d'une ame non moins angoiffée que repentante.

Dieu tout-puiffant, Dieu de mes Peres, Dieu d'Abraham, d'Ifaac, & de Jacob, & de leur jufte pofterité, dont je merite d'être exclu. Maître abfolu de l'Univers, qui d'une feule parole avez formé le Ciel & la terre, & tous les ornemens qui les embelliffent, dont la mer refpecte les loix, & n'ofe malgré fa fureur paffer les bornes que vôtre fageffe lui a prefcrites ; devant qui toutes les créatures étonnées de la grandeur de vôtre gloire, & frappées de terreur à la vûë de vôtre redoutable Majefté, tremblent de refpect & de crainte, dont les menaces effraïent les pecheurs, &

dont les promeſſes conſolent les penitens; vous de qui
la benignité, la longanimité, la compaſſion ſuſpen-
dent le bras déja levé pour la punition des méchans;
ſouvenez-vous, ô verité fidelle & ſupreme, ſouve-
nez vous des promeſſes que vous avez faites, d'exau-
cer les humbles ſoûpirs d'un cœur penitent, & de laiſ-
ſer aux pecheurs affligez comme moy, cette unique
& derniere reſſource de ſalut & d'eſpoir. J'ai peché,
Seigneur, j'ai peché, je l'avoüe, j'ai commis plus de
crimes qu'il n'y a de grains de ſable dans l'Océan;
mes yeux abbatus par la triſteſſe & par la honte,
n'oſent plus regarder le Ciel: *Peccavi ſuper numerum*
arenæ maris, & multiplicatæ ſunt iniquitates meæ, & non
ſnm dignus intueri altitudinem cæli. Mon corps appeſanti
par les chaînes de fer qui l'accablent, eſt contraint
de demeurer courbé vers la terre; ma tête penchée
en bas, n'oſe ſe relever, & ma poitrine étouffée par
les ſanglots, a perdu l'uſage d'une libre reſpiration,
incurvatus ſum multo vinculo ferreo, ut non poſſim attollere
caput meum, & non eſt reſpiratio mihi: comment n'ai-je
pas craint d'irriter vôtre colere? comment n'ai-je pas
eu honte de vous offenſer en vôtre preſence, de m'op-
poſer à vos volontez connuës, de tranſgreſſer vos
loix les plus ſaintes? quelles abominations n'ai je
point commis, ô mon Dieu! dans quels bourbiers d'i-
niquitez ne me ſuis-je point plongé? preſentement,
Seigneur, revenu à moy, je fléchis les genoux de mon
cœur devant vous, ne pouvant fléchir ceux du corps:
flecto genu cordis mei; implorant vôtre miſericordieuſe
bonté, s'il y en a encore à eſperer pour moy. Encore
uue

une fois, j'ai peché, Seigneur, j'ai peché, je reconnois mes égaremens; pardonnez, Seigneur, pardonnez à un pecheur qui vous reclame : O juste Juge,
punissez le peché commis; mais, ô Pere misericor-
dieux, ne perdez pas le pecheur qui le déteste; ne
me releguez pas dans ces sombres cachots du cen-
tre de la terre, où sont détenus pour jamais ceux
qui rebelles à vôtre lumiere, ont préferé la nuit du
peché au jour de vôtre grace, *neque damnes me in in-
fima terræ loca.* Souvenez-vous, Seigneur, que vous
êtes le Dieu des penitens; rendez-moi à tous les sie-
cles un spectacle de la plus grande misericorde que
vous aïez jamais exercé sur les hommes, afin que personne ne desespere plus de vôtre bonté, ni de sa conversion; & souffrez qu'en reparation des blasphemes
qui sont sortis de ma bouche impie, j'ose esperer de
mêler ma voix tremblante aux concerts célestes que
les Bien-heureux feront à jamais retentir dans les ta-
bernacles éternels.

L'Ecriture dit que la priere ardente de Manassez,
qui n'est pas neanmoins reconnuë entre les Livres
canoniques telle qu'on l'a rapportée, quoyqu'elle y
soit conservée, fut écoutée: *Qui postquàm coangustatus
est; oravit Dominum Deum suum, deprecatufque est eum,
& obfecravit intentè, & exaudivit orationem ejus :* que
par un ordre particulier de la Providence dont nous
ne sçavons pas le mystere, il fut délivré de ce cruel
supplice, reconduit en Jerusalem, & remis sur sonthrô-
ne, *reduxitque eum Jerusalem in regnum suum :* qu'il fit une
penitence proportionnée à ses crimes, *& egit pœnitentiam valdè coram Deo patrum suorum :* qu'il brisa les

Idoles, & les Autels qu'il leur avoit élevez, *abstulit Deos*
alienos, & simulachrum de domo Domini, aras quoque quas
fecerat in monte domûs Domini, & in Jerusalem, & proje-
cit omnia extra urbem: qu'il releva l'Autel du Seigneur,
& qu'il y immola des victimes : *instauravit altare Do-*
mini, & immolavit super illud victimas : qu'il ordonna
qu'on chantât les Cantiques du Seigneur, & qu'il
commanda à ses peuples d'observer la Loy de Moïse;
en un mot, qu'il renouvella le culte de Dieu, & qu'il
fit ce qu'il put pour retirer ses sujets des erreurs & des
impietez où il les avoit précipitez : *precepitque Judæ*
ut serviret Domino Deo Israël : on tient même qu'il descendit du thrône pour mener une vie privée, & pleu-
rer ses pechez, & que ce fut pendant cette espece d'a-
narchie, qu'arriva l'histoire de la celebre Judith, &
du gouvernement politique dès Pontifes & des Prê-
tres ; enfin, qu'il voulut par esprit de penitence être
inhumé, non dans le sepulchre des Rois ses préde-
cesseurs, mais dans un jardin, ainsi qu'un excom-
munié dans un terre profane, *sepultus est in horto ;* &
& que son fils fut appellé *Ammon*, qui veut dire *Foy*,
comme pour reparer son apostasie & son infidelité,
& être une preuve toûjours vivante de la resipiscence
de son pere, *regnavitque Ammon filius ejus pro eo.* Voicy
comme s'en explique saint Jerôme : *Legimus Manas-*
sen post multa scelera, & post captivitatem in Babylone egisse
pœnitentiam, & ad meliora conversum, Domini misericor-
diam consecutum : unde & fidei suæ per quam crediderat Deo,
filium vocavit Ammon, siquidem Ammon fides interpre-
tatur.

  Juillet 1710.

www.ingramcontent.com/pod-product-compliance
Ingram Content Group UK Ltd.
Pitfield, Milton Keynes, MK11 3LW, UK
UKHW031809170726
13836UKWH00003B/1283